N
S
Juist
Wilhelmshö
lfamer
Dorf
Leuchtturm
Memmertfeuer
Hafen
Kalfamergat
d
Mittelsand
Itzendorfplate
Kopersand

mare

Sandra Lüpkes

Mein Juist

mare

1. Auflage 2022

Karten Peter Palm, Berlin
Typografie Iris Farnschläder, mareverlag
Schrift Albertina
Druck und Bindung CPI books GmbH, Germany
ISBN 978-3-86648-675-1

FSC
www.fsc.org
MIX
Papier aus verantwortungsvollen Quellen
FSC® C083411

www.mare.de

Inhalt

Davor-Wort

Juist – siebzehn Kilometer lang, je nach Wasserstand etwas mehr oder etwas weniger als einen Kilometer breit, an der höchsten Stelle stolze zweiundzwanzig Meter über dem Meeresspiegel, autofrei und ziemlich kompliziert zu erreichen – ist meine Heimat. Ich habe dort sowohl meine Kindheit als auch die prägende Zeit des Erwachsenwerdens verbracht und kenne jeden sandigen Quadratmeter (es gibt ja nicht so viele).

Schuld daran sind meine Lungen. Bevor ich zum Inselkind wurde, lebte ich mit meinen Eltern und meinen beiden Brüdern in einem Dorf in der Nähe von Göttingen und war das Sorgenkind der Familie, da ich unter schwerem Asthma litt und die Ärzte prophezeiten, ich würde nicht alt werden, es sei denn, ich zöge an die Nordsee, am besten sogar auf eine Insel. Damals gab es etliche Kinderheime an der Küste, in denen Fälle wie ich langfristig untergebracht werden konnten, doch meine Eltern hatten von anderen betroffenen Kindern gehört, die nach diesem Kuraufenthalt nach Hause kamen und Vater und Mutter fortan siezten. Deshalb entschieden sie sich, wennschon, dennschon umzuziehen. Dass es uns nach Juist verschlug, war Zufall, es hätte auch Langeoog werden können, denn diese Insel kannten meine Eltern bereits. Doch weil eben auf Juist eine Pfarrstelle frei wurde – mein Vater war Pastor, meine Mutter Krankenschwester –, setzten wir im Februar 1977 dorthin über.

Dieses Buch wird Geschichten aus meiner Kindheit erzählen, als ich in diesem riesigen Pfarrhaus in der Wilhelmstraße gegenüber vom Komposthaufen des Kirchfriedhofs aufwuchs. Obwohl das nach Idylle und Bullerbü klingen mag, erwarten Sie bitte keine Erzählungen von kerngesunden Frischluftmenschen mit Blondhaar und roten Wangen. Ich machte niemals einen Segelschein und hatte auch kein eigenes Pony. Die aufregenden Orte meiner Kindheit und frühen Jugend waren die Postschließfächer hinter dem Rathaus, die Bunker in den Dünen, der Backstagebereich im Haus des Kurgastes.

Das schlimme Asthma verflog dank der gesunden Aerosole tatsächlich vollständig, und als mir mit fünfzehn die Insel zu klein wurde, wechselte ich ins Internatsgymnasium nach Esens. Mein Abitur machte ich schließlich am Ulrichsgymnasium in Norden, weil meine Eltern und Brüder inzwischen ebenfalls die Insel verlassen hatten und dort lebten. Danach absolvierte ich eine Ausbildung zur Schauwerbegestalterin in Hannover, um dann – zum Erstaunen aller, selbst zu meinem eigenen – wieder nach Juist zu ziehen.

Die Liebe war der Grund. Gemeinsam mit meinem ersten Mann kaufte ich ein ziemlich heruntergekommenes Haus im Ortskern, baute es zu einem Gästehaus um, half ab und zu im Fahrradverleih, der in der hölzernen Veranda untergebracht war, bekam zwei wunderbare Töchter, machte mich selbstständig als Werbegestalterin, schrieb Artikel für den *Strandlooper* (das ist die Veranstaltungsbroschüre auf Juist) oder den *Ostfriesischen Kurier*, engagierte mich für die Jugendarbeit und in der Kommunalpolitik, gründete eine Rockband …

Die zweite Juist-Phase in meinem Leben war also ebenfalls von Atemlosigkeit geprägt, jedoch nicht krankheitsbedingt, sondern eher meiner Suche nach dem für mich richtigen Weg geschuldet. Als ich ihn schließlich fand, führte er mich fort von Juist. Entließ mich in eine neue Perspektive, machte mich zu einer Beobachterin aus der Ferne.

So richtig dazugehörig fühlte ich mich dieser eingeschworenen Inselwelt nie. An den Einheimischen lag es nicht, die sind Neuem gegenüber größtenteils aufgeschlossen. Die in Filmen und Büchern gern zitierte Szene – feindselige Mienen und verstummende Gespräche, sobald Fremde die Kneipe betreten – ist ein Klischee. Den insularen Prototyp gibt es ohnehin nicht, die Menschen leben aus unterschiedlichen Gründen auf Juist, und die meisten sehr gerne. Viele von ihnen haben mich zur Vorbereitung für dieses Buch die Insel aus einem anderen Blickwinkel sehen lassen, durch sie hat das, was ich erzählen möchte, an Farbe und Tiefe gewonnen. Wenn jedoch alle rund 1500 mit erstem Wohnsitz auf Juist Gemeldeten ein Buch mit dem Titel *Mein Juist* schreiben sollten, kämen 1500 verschiedene Werke dabei heraus. Das Fünffache wäre es, wenn plötzlich jeder Gast zur Feder griffe. Mein Juist ist nicht dein Juist.

Ich bin stolz und glücklich, dass der mareverlag am Ende mich ausgesucht hat, dieses subjektive Inselporträt zu schreiben. Denn ich bin – und war es im Grunde wohl schon immer – Schriftstellerin. Und eins der herausstechenden Talente, die man für diesen Beruf mitbringen muss, ist die richtige Sehstärke (wäre ich, wie früher, noch in der Werbung tätig, könnte ich mir das Wortspiel »Seestärke« an dieser Stelle nicht verkneifen, aber zum Glück bin ich inzwischen rein literarisch unterwegs). Einerseits braucht es Weitsicht, um Dinge, die ringsherum geschehen, in den großen, bedeutenden Zusammenhang zu stellen. Andererseits schaue ich auf kurze Distanz wie unter einem Brennglas ganz genau hin und versuche, mir nichts vorzumachen. Meine Sichtweise auf die Insel Juist zeigt entsprechend andere Ausschnitte als die, die man in Prospekten, auf Websites oder Postkarten präsentiert bekommt. Wenn ich von den insgesamt dreiundzwanzig Jahren, die ich auf Juist lebte, erzähle, blicke ich oft in enttäuschte Gesichter, denn ich beschönige nichts. Das sollten Sie wissen, bevor Sie sich an die Lektüre wagen. Es ist eine wahrhaftige Liebeserklärung an die Insel Juist. Aber eben eine für Fortgeschrittene.

Ich bin froh, inzwischen im großen Berlin zu Hause zu sein. Diese Stadt hat wie ich eine Inselvergangenheit, nach der sich keiner zurücksehnt. Heimweh habe ich nämlich nie. Muss ich auch nicht haben. Denn das, was ich an Juist liebe, trage ich für immer in mir. Juist hat mir einen inneren Kompass eingepflanzt, mit dem ich mich überall auf der Welt zurechtfinden kann. Die Insel hat mich das Navigieren gelehrt zwischen Gegensätzen, denen ich auf so engem Raum nicht ausweichen konnte. Ich habe gelernt, damit zu leben, daran zu wachsen, und festgestellt, dass es eigentlich keine Grenzen mehr gibt, an denen ich mich noch stoßen könnte. Die Zeit auf Juist war meine Ausbildung zur Mikrokosmonautin.

Diejenigen, die den »Juister Kompass« ebenso in sich tragen, werden verstehen, was ich meine. Und an die Lesenden, die Angst davor haben, das Buch zuzuschlagen und komplett desillusioniert zu sein: Keine Sorge! Nicht umsonst trägt die Insel den Beinamen »Töwerland« (= Zauberland). Diese Bezeichnung ist keine moderne Marketingerfindung, sondern schon viele Generationen alt. Töwerland, die kleine Insel, auf der sich die große Welt erklären lässt, wo die Uhren anders ticken und wo Norden im Süden liegt.

Zauber & Realität

An den Rand von de Welt vör Ostfreeslands Küst
liggt verdrömt in de Sünn uns Töwerland Juist
Maakt dat Hart uns so riek, voll Freid un vull Lüst
denn uns Lev is so grot to uns Eiland, uns Juist
Juister Dün'n, Juister Strand un de solten See
Plattdütsk Taal, oll Maneern un de Klottjeree
Fast as Isen dit Band an de Insel uns holt
denn uns Lev is so grot to uns Eiland, uns Stolt
Stritt sick Ström ut Nordwest mit de blanke Hans
üm de Strand un de wittgröne Dünenkranz
denn bewohr uns, o Herr, vör Skaad un Verlüst
hol in Gnaden din hillige Hand över Juist

Das Schiff legt an, ich gehe von Bord und finde mich wieder im vertrauten Tumult des kleinen Hafens. Manche warten bereits an der Gangway und rufen »Oh, wie blass!« und »Hut ab! Hut ab!«, denn so werden Ankömmlinge begrüßt von jenen, die bereits länger auf Juist weilen, im Sand geerdet und von der Sonne geküsst worden sind. Das war schon vor hundert Jahren so, als der Juister Werbeprospekt ein »vornehmes Familienbad« und »gesellige Fröhlichkeit« sowie »natürliche Heilkräfte der Natur« anpries. Eine Weile ist dieser Willkommensbrauch zum Erliegen gekommen, doch man wusste stets, dass es ihn gab, und irgendwann hat wieder jemand damit angefangen. Vermutlich um zu verdeutlichen: Seht her, wir sind vertraut, die Insel und ich! Wir haben viele gemeinsame Jahre auf dem Buckel, wie ein altes Ehepaar, und lieb gewonnene Gewohnheiten pflegen wir, auch wenn sie manchem, der keine Ahnung hat von den Juister Eigenarten, seltsam vorkommen mögen. Aber uns ist nichts mehr peinlich voreinander, am Hafen rufen wir ungeniert Wildfremden etwas zu und schwenken unsere Kopfbedeckung: »Oh, wie blass! Hut ab!«

Im Hafengebäude entwerte ich mein Fährticket, trete nach draußen und laufe durch das Spalier der Kofferfahrer, die mir zunicken wie einer alten Bekannten, doch sicher bin ich nicht, ob sie sich meiner wirklich erinnern. Zu lange schon lebe ich nicht mehr hier. Und die Zeiten ändern sich, selbst auf Juist. Das weiße Seezeichen am Ende der Seebrücke, filigran und doch massiv, in der Vertikalen schräg, in den Horizontalen gerade, gab es zu meiner Zeit noch nicht. Heute ist es eine etablierte Sehenswürdigkeit mit gut besuchter Aussichtsplattform, lohnendes Ziel für einen kleinen Spaziergang und das Logo der Kurverwaltung. Es gleicht einer Boje, die im strömungsreichen Meer treibt. Welch passendes Bild. Ich mag es sehr.

Mein Ankommen fühlt sich an wie ein Wiedersehen mit einem Verflossenen, an dessen Seite ich viele Jahre glücklich gewesen bin, mit dem ich mich dann aber auseinandergelebt habe. Einerseits grundvertraut, andererseits verändert, fast fremd, dass ich nicht glauben mag, jemals dort zu Hause gewesen zu sein. Früher schwer verliebt, dann verflog der erste Zauber und heute … Ja, was ist es heute für mich? Mein Juist?

»Achtung! Vorsicht! Platz da!«, brüllt es von allen Seiten und ich muss auf dem Weg zu den Gepäckcontainern gleich mehrfach ausweichen, den radelnden Inselmenschen, den Hafenbetriebsfahrzeugen oder Planwagenkutschen. Oje, wieder einmal habe ich die Nummer des Anhängers vergessen, in dem ich meinen Koffer verstaut habe. War es die Nummer 36? Oder 71? War es die Seite A oder B? Habe ich ihn ganz unten, in der Mitte oder oben platziert? Früher war das einfacher, da hatten die Gepäckcontainer bunte Farben, das konnte ich mir besser merken. Ich muss lange suchen, doch ich bin nicht die Einzige, ein Gewimmel an Menschen wie am Gepäckband im Flughafen auf Mallorca. Alle haben es furchtbar eilig mit dem Beginn der Erholung. Dies sind die letzten Minuten hektischer Betriebsamkeit zum Abgewöhnen und Runterfahren. Spätestens wenn ich durch die Deichscharte getreten bin, herrscht Ruhe.

Dann liegt das Festland hinter und die Insel in ihrer ganzen Breite vor mir. Rechts das Ostdorf, links die Billstraße, geradeaus das Dorf, der Kurplatz, die Inselkirche, der Wasserturm. Die Nordsee dahinter, das weiß ich, ohne sie zu sehen. Die kleine Welt erklärt sich immer wieder neu und immer wieder gleich.

Wer die Insel das erste Mal betritt, entscheidet sich wahrscheinlich genau jetzt und an dieser Stelle, ob mehr daraus werden wird. Innerhalb einer unbewussten Zehntelsekunde, denn so lange dauert nach wissenschaftlichen Kenntnissen die sagenhafte »Liebe auf den ersten Blick«. Die blitzartige Erkenntnis, dass mir gefällt, was ich sehe, rieche, höre, schmecke und fühle. Dass ich mehr davon möchte, und zwar sofort und vielleicht sogar für den Rest meines Lebens.

Ist die Suche nach der großen Liebe nicht der beste Grund, das vertraute Nest zu verlassen und eine beschwerliche Reise mit ungewissem Ausgang zu unternehmen? Denn irgendwo – und vielleicht eben konkret an der Juister Deichscharte, zwischen der roten und der grünen Leuchttonne, die den Ortseingang markieren – wartet das Glück. Endlich dort angekommen, lassen wir die zehrende Sehnsucht hinter uns und werden eins mit dem Moment.

»Verliebt in Juist«, so lautete der Werbeslogan, der als Aufkleber in den 1980er-Jahren manchen Koffer und Kofferraumdeckel zierte. Das dazugehörige Logo zeigte zwei sich küssende Fische, zwischen deren Mündern herzförmige Blasen emporstiegen. Verliebt in Juist – wen es erwischt hat, dem flattern Möwen statt Schmetterlinge im Bauch.

Juist hat schon unzähligen Menschen das Herz gebrochen, die nach der ersten Begegnung fiebrig auf die nächste warten, die das Internet durchforsten nach jedem Schnipsel über die Geliebte und alles, einfach alles wunderbar finden, selbst wenn die Angebetete sich von ihrer anspruchsvollen und komplizierten Seite zeigt. Da duften die Pferdeäpfel wunderbar würzig und obwohl der Sand zwischen den Zehen reibt, ist kein Weg zu weit. Die von Amors Pfeil Getroffenen liefern sich Nordseewind und Frieslandregen schutzlos aus, wenn sie nur bei ihr, auf ihr, mit ihr sein dürfen.

Doch vielleicht ist es auch bloß eine Liebelei, ein klassischer Urlaubsflirt, befeuert durch die sorglose Ferienzeit, gefärbt durch den rosaroten Schimmer einer über dem Meer untergehenden Sonne? Wird dieser Zauber auch dann noch wirken, wenn man das zweite, dritte oder x-te Mal nach Juist fährt?

Irgendetwas muss sie an sich haben, diese Insel, dass die sie Verehrenden ihr treu bleiben, und zwar über viele Jahre hinweg. Jeder zehnte Gast ist schon mehr als dreißig Mal da gewesen und führt so etwas wie eine Fernbeziehung. Eine Liebe also, die mehr von Vorfreude und Erinnerungen gespeist wird als vom eigentlichen, dann aber umso intensiveren Beisammensein. Die Stammgäste buchen bereits am Tag der Abreise den Urlaub für das nächste Jahr, damit sich die Sehnsucht dazwischen aushalten lässt.

Wie sieht er aus, der typische Gast, dem die Insel den Kopf verdreht hat? Erst einmal: Er ist eine Sie. Genauer: eine Frau aus Nordrhein-Westfalen, Mitte fünfzig, Akademikerin, gut situiert, belesen, eine pflicht- und umweltbewusste Genießerin, die auch offen ist für neue Impulse. Nein, dieser Text wurde keiner Kontaktanzeige eines Datingportals mit Niveau entnommen, sondern ist die Zusammenfassung einer statistischen Erhebung, die im Auftrag der Kurverwaltung durchgeführt wurde. Ihre Hobbys sind Spazierengehen und Radfahren und sie ist auf der Suche nach Ruhe, Natur und dem nötigen Abstand zum Alltag. Ich habe sie direkt vor Augen, diese statistische Dame aus Westfalen, nur erweckt sie nicht den Eindruck, sich allzu leicht verzaubern zu lassen.

Vom »Töwerland« schon. Warum genau Juist seit dem 19. Jahrhundert diesen besonderen Spitznamen (Töwer = Zauber) trägt, dafür gibt es verschiedene Erklärungen, magische (das Zusammenspiel von Wind, Wasser, Sand und Sonne fabriziert mitunter optische Erscheinungen der dritten Art) wie tragische (1590 wurden drei Juister Frauen der Hexerei angeklagt und auf dem Scheiterhaufen in Norden verbrannt). Heute interpretieren wir den Begriff freilich moderner, bringen ihn mit neudeutschen Werbevokabeln wie Entschleunigung in Verbindung, kreieren Wortschöpfungen wie »TöwerCard« und »TöwerVital«, fahren mit dem »Töwerland-Express«.

Siebzig Prozent der Juist-Gäste nennen die Insel ihr »zweites Zuhause«. Aber nehmen wir mal an, die verzauberte Mittfünfzigerin aus Nordrhein-Westfalen beschließt nun eines schönen Tages, dass es ihr nicht mehr reicht mit den kurzen Episoden zwischen Vorfreude und Erinnerung, sie will mit ihrer großen Liebe zusammenziehen, um aus dem zweiten ein erstes Zuhause werden zu lassen, und packt nicht nur die Koffer, sondern gleich den Möbelwagen. Das passiert nicht selten. Bei der Inselschule bewerben sich beispielsweise regelmäßig Lehrerinnen – es sind wirklich bislang immer Frauen gewesen –, die davon träumen, ihre letzten Berufsjahre vor der Pension an einem Ort zu verbringen, wo andere Urlaub machen. Klassen mit höchstens zehn Kindern, eine Dienstwohnung im abgelegenen Dünental, stundenlange Strandspaziergänge nach der sechsten Stunde – das muss doch paradiesisch sein. Andere träumen von einem Bioladen im Ostdorf oder heuern als Servicekraft in der Teestube an.

In Buchhandlungen sind ganze Regale gefüllt mit Romanen, in denen Frauen auf »ihre« Insel ziehen, um dort ein neues, um dort das richtige Leben zu beginnen. Ich weiß, wovon ich schreibe, eine dieser Romanreihen stammt aus meiner eigenen Feder und handelt von einer Schlagersängerin, die es nach dem Karriereknick auf eine Nordseeinsel verschlägt, wo sie ein heruntergekommenes Leuchtturmwärterhaus zum Hotel umbaut. Zwischen anderen Buchdeckeln reisen Standesbeamtinnen nach Usedom, Ärztinnen nach Pellworm, Journalistinnen nach Borkum und Buchhändlerinnen nach Föhr. Diese Romane enden meist, wenn die Heldin Wurzeln in die Dünen geschlagen, den ersten Sturm überstanden und sich in den Briefträger (alternativ Reetdachdecker, Schwimmmeister, Fischer oder Pensionsbesitzer) verliebt hat.

Im wahren Leben geht die Beziehung zwischen Zugezogenen und dem Töwerland nun in die wahrscheinlich schwierigste Phase: Man verbringt den Alltag zusammen. Auf einer abgeschiedenen Nordseeinsel wie Juist bedeutet das: Man wacht morgens zwischen Deich und Dünen auf und schläft abends zwischen Deich und Dünen ein. Am Vormittag trifft man Jan und Grete beim Einkaufen, am Nachmittag trifft man Jan und Grete beim Sportmachen, und wenn man am Tagesende ins Kino geht, wer sitzt da neben einem? Jan und Grete. Die ambitionierten Lehrerinnen haben ihren Traum vom Inselleben jedenfalls nach überschaubarer Zeit sämtlich wieder aufgegeben und sind an Land zurückgekehrt. Denn wenn Jan und Grete nun auch noch deine Schule besuchen oder die Eltern deiner Schulkinder sind oder aus deinem Kollegium stammen und dann noch im Winter das Schiff nicht fährt und bis zu den nächsten Ferien ist es noch lange hin – spätestens dann wird es anstrengend. Man kann sich eben nicht einfach eine kleine Auszeit von der Insel nehmen, wie es gerade passt. Da muss schon Hochwasser sein.

Wenn die Schiffe nicht fahr'n, weil der Wind stark aus Ost bläst
und du lieber im Haus bleibst, weil du sonst ganz zur Bill wehst
wenn die Salatköpfe kahl sind und die Milch wird sauer
dann fange ich an, dass ich mich selber bedauer
dann gibt es den allergrößten Verdruss
das nennt man Inselwinterblues

Ich krieg nicht die Kurve und bleib lieber im Bett
lese dort das Telefonbuch, kenn' es schon von A bis Z
und weil das Juister so kurz ist, studier ich gleich die gelben Seiten
sonst fange ich noch an mich mit mir selber zu streiten
bloß weil ich irgendetwas tun muss
gegen den Inselwinterblues

Wenn man sich endlich dran gewöhnt hat, ja, dann ist es
schon vorüber
dann ist auf einmal Ostern und die Insel, die quillt über
du stehst 'ne Stunde an, um dir 'ne Leberwurst zu kaufen
du kannst nicht mehr in Ruhe abends weggehen und einen saufen
dann ist mit der Langeweile Schluss
und du vermisst den Inselwinterblues

Im Sommer ist der Schiffsverkehr das kleinere Problem, dafür muss aber alles auf Hochtouren laufen. Freizeit wird zum Fremdwort, selbst wer nicht direkt im Tourismusbereich arbeitet, kann sich der allgemeinen Anspannung kaum entziehen.

Alles rauft sich zusammen. Weicht sich aus, wo es möglich ist. Arrangiert sich, wenn es sein muss. Schaut weg, wenn man etwas lieber nicht ganz so genau wissen will. Überlegt dreimal, was wirklich ausgesprochen werden muss. Das Zusammenleben auf der Insel gleicht einer ständigen Quarantäne.

Es gibt die These, dass sich der Begriff »Töwerland« auch aus dieser besonderen Form der isolierten Gemeinschaft heraus entwickelt haben könnte, weil das eigenbrötlerische Dasein ein Nährboden für Schauergeschichten und Aberglauben ist. »Spökenkieker« soll es hier geben, also Menschen, die in die Zukunft schauen und Unheil vorhersehen können, der *Schimmelreiter* lässt grüßen.

Verständlich, dass unserer Mittfünfzigerin aus NRW irgendwann doch etwas mulmig wird. Wird sie je dazugehören und die Mechanismen dieser Gemeinschaft durchschauen? Und will sie das überhaupt?

Seit einiger Zeit unterstützt auf Juist eine mit Landesmitteln geförderte Lotsin die Zugezogenen beim Manövrieren in neuen Fahrwassern. Schließlich gleicht die Inselgemeinde einer

Bootsmannschaft, von der Brücke bis in den Maschinenraum wird an allen Ecken gearbeitet, jede Hand ist wichtig für das Weiterkommen. Das Vereinsleben ist rege, man kann in Trachten tanzen, Schützenkönigswürden erlangen, singen, musizieren, boßeln, segeln (auf dem Wasser und auf dem Strand), surfen, Theater, Tennis, Volleyball, Fußball, Badminton spielen, sich beim Roten Kreuz, bei der Freiwilligen Feuerwehr, in den Kirchengemeinden oder für den Klimaschutz engagieren.

Doch viele Inselneulinge und Arbeitskräfte auf Zeit holt man mit diesem Angebot nicht ab. Die fühlen sich mitunter orientierungslos und finden nicht so leicht Anschluss. Auch, weil einige nur ungern den Kurs ändern und es so nur selten zu Begegnungen außerhalb der eigenen Mannschaft kommt.

Klingt fast, als drohe die Inselgemeinde zu kentern. Tatsächlich wird der Standort Insel als sozial benachteiligt angesehen, obwohl es dort keine heruntergekommenen Wohnblocks, keine Arbeitslosigkeit, keine alarmierende Armut gibt.

Dafür spielt der Alkohol eine wesentliche Rolle. Wer das Glas nicht hebt, hat vordergründig ein Problem. Trinkfreudigkeit wird von einigen mit Geselligkeit verwechselt, in der Kneipe so lange Bier gebracht, bis man es explizit abbestellt. Ein paar Piccolöchen und Schnäpschen sind die legitime Methode, sich nach getaner Arbeit – und davon gibt es reichlich – zu belohnen. Entzugskliniken werden verharmlosend »Trockendock« genannt, der Aufenthalt dort als Erholungskur deklariert, die man sich einmal im Jahr gönnt.

Die Insellotsin weist hoffnungsvoll in eine andere Richtung. Auf zu neuen Ufern, die Insel bietet ein ganz besonderes Miteinander, solange sich nur genügend Menschen zusammenfinden, um das Ruder ab und zu herumzureißen.

Meinen Töchtern habe ich immer erzählt: Du gehörst erst richtig zur Insel, wenn du barfuß über Muschelbänke laufen kannst, ohne einmal »Aua« zu sagen. Eigentlich war das ein Trick, damit sie sich auf dem Weg zum Bade nicht zu zimperlich anstellten. Doch heute weiß ich: Da ist was Wahres dran. Du gehörst erst richtig zur Insel, wenn du aushältst, dass es auch mal unangenehm werden kann.

Das fängt bei der Wohnungssuche an, die oft vergeblich ist, denn auf der schönsten Sandbank der Welt (ein weiterer gern genutzter Slogan) gibt es zwar jede Menge Gästebetten – insgesamt knapp sechstausend –, aber kaum Unterkünfte für Einheimische und das dringend benötigte Saisonpersonal. Vor allem keine, die aus einem Otto-Normal-Verdiener-Portemonnaie gezahlt werden können.

Trotzdem gibt es immer wieder Menschen, die die Herausforderung bewältigen und ganz lange oder sogar für immer bleiben. Scholle zum Beispiel. Stammt aus dem Ruhrgebiet und ist mit seinen Eltern schon immer nach Juist in den Urlaub gefahren. Als Jugendlicher hat er es wild getrieben, mit fremden Autos rumgurken war eines seiner Hobbys, da war er noch keine sechzehn. Nach einer eher holprigen Schulkarriere war ihm dann selbst klar: Jetzt kommt es drauf an, nicht ganz aus dem Ruder zu laufen. Und Scholle entschied sich für Juist. Dort fühlte er sich wohl und sicher, dort konnte er nicht unbemerkt irgendwelchen Mist verzapfen, dort gab es – ein schlagendes Argument – keine Autos. Er machte eine Ausbildung zum Bäcker, jobbte auf dem Bau und in der Gastronomie, lernte seine jetzige Frau kennen, wurde Vater und führt seit einigen Jahren eine schnuckelige, etwas versteckt am Bootshafen liegende Open-Air-Bier- und Cocktailbar. Woanders wäre es vermutlich böse für ihn ausgegangen, hier auf der Insel hat er einen

Ankerplatz gefunden. Zwischen Scholle und Juist, das war am Anfang vielleicht eine Zweckgemeinschaft, heute ist es … tatsächlich Liebe.

Inzwischen habe ich meinen Weg ins Inseldorf gefunden, mein Koffer rollt laut über das unebene Pflaster, vor dem Haus wartet bereits meine Gastgeberfamilie und heißt mich willkommen. »Moin, Sandra, schön, dass du wieder mal da bist!« Sie schenken Tee ein. Wir setzen uns an den Küchentisch. Wie es den Kindern geht, fragen wir gegenseitig, so groß sind die schon? Und dann lachen wir über Anekdoten, die früher mal passiert sind. Und über Anekdoten, die in der Zwischenzeit passiert sind. Bei der dritten Tasse schließlich über Gott und die Welt.

Juist und ich hatten eine gute Zeit und sind in beiderseitigem Einverständnis auseinandergegangen. Ich weiß genau, warum ich viele Jahre so gerne hier gelebt habe. Und ich erinnere mich ebenso an die Gründe, weshalb der Abschied nicht schmerzte.

Umso mehr freue ich mich über den Slogan, mit dem der Juist-Prospekt heute um die Gunst der Reisenden wirbt: »Juist – Freundschaft fürs Leben!«

Ebbe & Flut

Um die Gezeiten zu erklären, wage ich mal so etwas Ähnliches wie eine Familienaufstellung. Denn für mich sind Ebbe und Flut zwei gegensätzliche Schwestern: gemeinsame Kinder von Sonne und Mond – die sich permanent aus dem Weg gehen.

Die eine, die Flut, wahrscheinlich die Erstgeborene, gibt sich extrovertiert, stellt sich gern in den Mittelpunkt, sprudelt vor Energie, ist schön, verspielt und spektakulär. Doch auch ein wenig oberflächlich und versierte Meisterin darin, alles zu verdecken und abzulenken von dem, was unter dem Wasserspiegel liegt.

Die Ebbe steht seit Anbeginn im Schatten der Flut. Sie ist die ewig Zweite, der alles fehlt, was die Schwester hat, deswegen zieht sie sich zurück – und ist in ihrer Scheu tausendmal sinnlicher, weil sie duftet und atmet und flüsternde Laute von sich gibt. Die Ebbe zeigt viel Haut, schonungslos, mit ihren Adern und Poren und Narben.

Ohneeinander wären beide nichts. Und gefährlich sind sie jeweils auf ihre Art. Bei der Flut droht das Zuviel, die Stürme zerreißen das Land, überfluten die Wege, ertränken das Leben. Doch darf man die Ebbe nicht unterschätzen, denn ihr Zuwenig fordert ein, zieht die Badenden hinaus, bis sie den Boden unter den Füßen verlieren, oder lässt Treibsände entstehen, die das, was sie einmal zu fassen kriegen, nie mehr loslassen.

Schuld an diesem Dilemma sind wie immer die Eltern, die sich Monat für Monat nicht einig werden, wie sie ihre bipolaren Töchter in den Griff bekommen, und zudem ein Problem mit Nähe und Distanz haben. Ausgerechnet dann, wenn beide an einem Strang ziehen, wenn also Mond und Sonne in einer Linie stehen und ihre magnetischen Kräfte gleichzeitig auf die Erde einwirken, geht es besonders hoch her zwischen Ebbe und Flut. Dieses Phänomen wird Springtide genannt. Bei der Nipptide hingegen bildet die Anziehungskraft zwischen den Himmelskörpern einen rechten Winkel, dann nähern sich Hoch- und Niedrigwasser an und es geht etwas gemächlicher zu.

Langweilig wird es nie, wenn die spür-, aber nicht sichtbare Welle zweimal am Tag die Küste entlangrollt und den Saum zwischen Land und Meer kontinuierlich verschiebt. Enorme Strömungen umspülen die Inseln, lassen sie wachsen und schrumpfen, schleppen Sand und Muscheln, Bernsteine und Strandgut zum benachbarten Eiland oder entlassen sie in die Tiefen des Ozeans. Wäre dieses Schauspiel nicht naturgegeben, man könnte es als riesige Energieverschwendung auffassen. Alles ist stets in Bewegung, nie auf Standby.

Juist ist den Gezeiten ausgeliefert wie kaum eine andere Insel. Das liegt an den hier vorherrschenden Strömungsverhältnissen. Bei auflaufendem Wasser werden durch die westlichen und östlichen Gats (das sind die Lücken zwischen den Inseln) Sedimente bewegt, die in der Mitte zusammenprallen und das »Hohe im Watt« aufwerfen, also besonders flache Untiefen und enge Passagen, die das Durchfahren nur bei Hochwasser erlauben. Tideabhängig heißt das im Fachjargon, für Festländer wenig verständlich. Wirklich? Nur einmal am Tag geht ein Schiff? Warum der Umstand? Die Nachbarinseln haben es doch auch hingekriegt, da kann man übersetzen, wie man lustig ist. Verbirgt sich dahinter womöglich nur ein cleverer Marketing-Kniff, weil ja schließlich das, was man nur mit Schwierigkeiten erreicht, besonders reizvoll bleibt?

Das Dirigat des Wasserstandes prägt das Juister Lebensgefühl. Jede Reise will gut organisiert, der Fahrplan zwischen Norddeich und Juist akribisch studiert sein. Hat man sich vertan und kommt nur eine Viertelstunde zu spät an die Mole, verkündet die Leuchtschrift am Hafen erbarmungslos die nächste Abfahrt erst am kommenden Tag. Wenn es gar nicht anders geht, öffnet der Inselflieger oder auch ein Schnellboot mit weniger Tiefgang das Zeitfenster, um über das Wattenmeer zu gelangen, doch auch diese Alternativen sind nicht immer möglich und zudem eine Frage des Geldbeutels.

Irgendwie ist es ja auch schön, dass dieser besondere Rhythmus jegliche Routine unmöglich und Juist damit zu etwas Besonderem macht. Während im Rest des Landes Briefe im Laufe des Vormittags im Kasten landen, muss man sich hier gedulden, bis das Schiff im Hafen angelandet, der Container verladen, das batteriebetriebene Postauto zum Abholen unterwegs und schließlich die Post auf die verschiedenen Schließfächer verteilt ist. Die Postabholstelle, die etwas versteckt hinter dem Rathaus liegt, wird dann gut zwei Stunden nach Schiffsankunft zum meistfrequentierten Ort der Insel. Ich bin immer sehr gern Post holen gegangen, allein schon wegen der Ausbeute an Klatsch und Tratsch. Die wichtigsten Bekanntmachungen sind dort ans Schwarze Brett gepinnt: »Suche dringend neue Wohnung, meldet euch bei Jan.« »Ein-Zimmer-Apartment zu sofort gesucht. Danke von Grete.« Sieh mal einer an, Jan und Grete haben sich getrennt.

Früher, als ich auf Liebesbriefe von meinem ersten Festland-Freund wartete, lungerte ich mitunter stundenlang in diesem schmucklosen Raum herum und öffnete bei jedem Geräusch, das ein Kuvert macht, wenn es in ein Fach geworfen wird, ungeduldig die Schließfachtür. Er hat oft geschrieben. Ich habe viel Zeit dort verbracht und fand es nie langweilig. Ich bezweifle, dass es denselben Thrill gehabt hätte, wenn einfach nur jeden Tag zur selben Zeit der Postbote einen Stapel Briefe bei uns zu Hause abgeliefert hätte.

Was für die Post gilt, ist für den Nachschub im Supermarkt übrigens nicht anders: Den gibt's, wenn der Frachter genug Wasser hat, um ihn zu bringen. Deswegen kann es durchaus vorkommen, dass der frische Salat erst am späten Nachmittag im Regal liegt. Meckern zwecklos und Beschwerden bitte nur direkt an allerallerhöchster Stelle.

Eine weitere Juister Kuriosität, die sich auf die kreativen Schwestern Ebbe und Flut zurückführen lässt, ist der schulfreie Reisetag. Stellen Sie sich eine Mischung aus Kaperfahrt, Freigang, Klassenausflug und beginnendem Sommerschlussverkauf in den 1980er-Jahren vor …

Alle vierzehn Tage fällt die Tide so, dass sowohl morgens als auch abends Hochwasser herrscht und die Möglichkeit besteht, an einem Tag aufs Festland und wieder zurück zu gelangen. Und einmal im Monat (außer in der Hochsaison) fallen aus diesem Anlass Schule und Kindergarten aus, damit die Inselfamilien auf einem Kurztrip Dinge erledigen können, die auf Juist nicht möglich sind. Fastfoodkettenmenüs! Rummelplatzbesuche! Schnäppchenshopping! Und endlich mal wieder etwas anderes sehen als die ewig gleichen Straßen und Häuser. Ampeln! Zebrastreifen! Großflächige Werbeplakate! Sogar dem Duft der Autoabgase fiebert man ein wenig entgegen.

Früh morgens gegen sieben Uhr geht es aufs Schiff. Nebenbei: Aus unerfindlichen Gründen wird an schulfreien Reisetagen von der Reederei meistens die kleinste Fähre von allen eingesetzt. Und Petrus entscheidet regelmäßig, dass es regnen soll, Bindfäden von morgens bis abends. Wir sitzen also in aller Herrgottsfrühe übermüdet in unseren feuchten Jacken eng beieinander. Ist ja egal, die Überfahrt dauert neunzig Minuten, dann sind wir endlich in Norddeich, wo das eigene Auto in der Langzeitgarage wartet oder Bahn und Bus für die Weiterreise bereitstehen. Allzu große Entfernungen lassen sich heute ohnehin nicht zurücklegen. Es bietet sich das Küstenstädtchen Norden an, das nur ein paar Kilometer im Landesinneren liegt und sich in den letzten Jahren ganz hübsch herausgeputzt hat. Oder vielleicht Aurich und Emden. Bis Oldenburg wird die Zeit schon knapp, das Schiff am Abend wartet auch nicht auf Einheimische.

In diese langen und zugleich kurzen Tage quetschen sich viele Termine. Die regelmäßigen Untersuchungen in der Kinderarztpraxis zum Beispiel, das Zahnspangenrichtenlassen bei der Kieferorthopädin, Kontrollen beim Augenarzt, HNO, Allergologin, Veterinärmediziner. Die fachmedizinischen Praxen halten an diesen Tagen extra ihre Wartezimmer frei für die Juister Patientenschaft. Prompt sitzen wir dort wieder übermüdet in unseren feuchten Jacken dicht an dicht und schauen möglichst diskret aneinander vorbei oder lesen konzentriert in der *Gala*. Am Abend wird mit Sicherheit auf der Fähre die Gerüchteküche brodeln, weil die junge Juisterin in der gynäkologischen Praxis von ihrem Freund begleitet wurde. Na, na, na, die wird doch nicht etwa … Aber schau mal, das kleine Bäuchlein, und hat sie nicht heute Morgen auch sehr lange die Bordtoilette okkupiert, obwohl wir kaum Seegang hatten?

Vorher, nachher oder zwischendurch stehen Großeinkäufe an. Entgegen landläufigen Legenden zahlen die Einheimischen in den Geschäften auf der Insel natürlich dieselben Preise, die auch den Gästen abgeknöpft werden (und die übrigens keinesfalls Fantasiepreise sind, sondern dem überaus umständlichen Frachtweg, den hohen Pachtkosten und dem Gefälle zwischen Sommer- und Wintergeschäft geschuldet). Die Verlockung ist also groß, sich heute beim Discounter mit Vorräten einzudecken: Dosentomaten, Nudeln und Klopapier, was man eben so hamstert in Hinblick auf eine längere Zeit im abgeschotteten Raum. Über Sonderangebote hat sich die findige Insulanerfamilie längst vorab informiert, bügelfreie Seersucker-Bettwäsche mit Leuchtturmmuster kann man schließlich nie genug vorrätig haben. In der Auslage daneben gibt es Staubwedel für 'nen schmalen Taler, also rein in den Einkaufswagen, bevor die anderen auch auf die Idee kommen … Doch die sind schon längst da. Stehen in ihren feuchten Jacken eng gedrängt zwischen den Regalen. Probieren in benachbarten Umkleidekabinen neue Jeanshosen an. Sitzen anschließend im selben Tortencafé, um die plattgelaufenen Füße zu regenerieren. Vertreiben sich am späten Nachmittag im Euro-Shop die letzten Stunden, bis die Fähre wieder ablegt. Ach was, ihr auch hier? Was für ein Zufall!

Auf der Reise Richtung Heimathafen wird es dann am Ende des Tages noch ein wenig enger. Zwischen den immer noch nicht getrockneten Jacken stapeln sich nun die Einkaufstüten, stolz werden die neuesten Errungenschaften präsentiert, in der Hoffnung, dass die Nachbarin sich nicht ausgerechnet dasselbe atemberaubend schöne Kleid in der Boutique gegenüber vom Tortencafé gekauft hat.

Die Gepäckcontainer in Norddeich platzen schier aus allen Nähten. An Reisetagen gilt das Matroschka-Prinzip: Im einzelnen Koffer, der am Morgen mitgeschleppt wird, befinden sich jede Menge weiterer Reisetaschen. Irgendwo muss man schließlich die ganzen Einkäufe, die im Laufe des Tages getätigt werden, verstauen. Man könnte die Dosentomaten, die Nudeln und das Toilettenpapier natürlich auch in einen Karton packen, doch der kostet extra Fracht, im Gegensatz zum Reisegepäck. Falls Sie also einmal in irgendeinem Discounter in Norddeutschland Menschen dabei erwischen sollten, wie sie Vorräte in Koffer verstauen: Es könnten Reisetagsreisende von der Insel Juist sein.

Früher war die Überfahrt nach Juist noch eine Ecke umständlicher. Von 1898 bis 1982 mussten die Fahrgäste auf ihrem Weg von Norddeich zur Insel nämlich einmal umsteigen und auf »hoher See«, gut 600 Meter vom Eiland entfernt, vom Schiff in die Inselbahn wechseln. Ein schlickfarbenes Züglein, das über einen aus Holzpfählen errichteten Steg vom im Wattenmeer liegenden Schiffsanleger bis zum Inselbahnhof tuckerte, da die Fahrrinne selbst bei Hochwasser nicht genügend Tiefgang bot, um mit der *Frisia* direkt zur Insel zu gelangen.

Als Kind habe ich dieses kleine Reiseabenteuer geliebt, besonders im Winter, wenn es stürmisch war und sich der kurze Aufenthalt auf dieser Plattform anfühlte, als sei man auf einer Bohrinsel mitten im Nordmeer ausgesetzt worden: Wellen peitschten von allen vier Seiten gegen den Anleger und der Wind zerrte an unserer Kleidung, unseren Wollmützen und Rucksäcken, eine kräftige Böe, und wir wären von dannen geweht. Meine Mutter nahm mich und meine Brüder fest an die Hand, sobald es über den schmalen, oftmals schaukelnden Steg von Bord ging, und ließ uns erst los, wenn wir sicher und vollzählig in der Inselbahn angekommen waren. Überall wurde gehetzt und gelaufen, geschubst und gedrängelt. Vielleicht aus Sorge, der Zug könne ein paar Passagiere vergessen und diese müssten dann auf dem Anleger campieren (was meines Wissens nie passiert ist). Erleichtert saßen wir schließlich auf hölzernen Bänkchen. Guckten nach draußen, freuten uns, wenn die Nordsee schäumte und sich hoch genug auftürmte, um gegen die Scheiben der Inselbahn zu klatschen. Im Winter waren diese oft so salzverkrustet, dass man kaum noch hindurchschauen konnte.

Ich erinnere mich voller Wehmut an dieses Geräusch, das die Räder machten, wenn sie über die Nahtstellen der Gleise fuhren. Klackklack Klackklack. Alle fünf Sekunden. Klackklack Klackklack. Kombiniert mit einem kaum merklichen Ruckeln. Es war verknüpft mit dem Gefühl, nach Hause zu kommen, unabhängig davon, ob wir nur ein paar Stunden auf Reisetag waren oder vier Wochen im Urlaub bei den Großeltern im Schwabenland. Das Klackklack Klackklack ertönte als mein ganz persönlicher Willkommensgruß.

Die Bahntrasse war eine Nabelschnur, so erschien es mir, die letzte Verbindung zwischen uns und dem Rest der Welt. War sie erst gekappt, verloren sich die Wege vom Anleger aus in alle erdenklichen Himmelsrichtungen.

Dies ist die Gelegenheit, von einem kleinen Mädchen zu erzählen – und dem ultimativen Ende ihrer ersten Liebe. Sie war erst zehn Jahre alt, und der Junge, der in ihre Klasse ging, nicht viel älter. Gemeinsam mit seinen Geschwistern lebte er am westlichen Ende des Inseldorfes bei »Mutter Eva«, damals noch ein Heim für Kinder, deren Familien sich in einer akuten Krise befanden. Der Junge war klein, hatte eine schiefe, mit einem Pflaster halbseitig abgeklebte Brille und einen abgebrochenen Schneidezahn. Aber er konnte gut rechnen, gut Fußball spielen – und gut küssen. Mit Vorliebe im hohen Dünengras, wo keiner zusah. Und als das Mädchen allergisch reagierte, nicht auf die Küsse, sondern auf die Deichgräser, brachte er sie fürsorglich nach Hause, obwohl er Angst haben musste, von ihrem Vater erwischt zu werden, der war nämlich Pastor auf Juist und erteilte in der Schule Religionsunterricht. Das Mädchen war beeindruckt von so viel Ritterlichkeit und sicher, den Jungen bis ans Ende ihres Lebens dafür zu lieben.

Doch dann erholte sich die Familie des Jungen von der Krise, und er und seine Geschwister durften das Kinderheim verlassen, um mit der Mutter ins Sauerland zu ziehen. Das Mädchen war leider nicht so mutig wie er und scheute sich, zum Bahnhof zu laufen, um ihrem Freund »Auf Wiedersehen« zu sagen und beim Abschied zu winken. Stattdessen stand sie einsam am Fenster ihres Jungmädchenzimmers, von dem aus man über den Deich blicken konnte, und sah draußen auf dem Wattenmeer die Inselbahn am Anleger stoppen. Aus der Entfernung waren die umsteigenden Menschen nur kleine Punkte.

Ob er sich wohl noch einmal umgedreht hat? Ob ihn bei aller Freude über die Zusammenführung seiner Familie vielleicht auch ein kleiner Stich in der Herzgegend piesackte? Ob er heute wohl noch ab und zu an die Tochter des Pastors denkt, die beim Küssen Heuschnupfen bekam?

Ich weiß es nicht. Ich weiß nur, dass ich damals dort an meinem Fenster stand und den Passagieren beim Umsteigen zusah. Und als dann das Schiff ablegte, als die letzte Verbindung zu meiner ersten Liebe gekappt war, verstand ich die Wucht der Endgültigkeit.

Die hohen Unterhaltskosten für die exotische Bahnstrecke erzwang Anfang der 1980er-Jahre die Errichtung eines praktischen Hafens in Dorfnähe. Mir und anderen Juistliebhabenden brach es das Herz. Unsere Inselbahn war doch so viel mehr als ein – zugegebenermaßen etwas umständliches – Verkehrsmittel. Sie posierte als gutgebuchtes Fotomodell für Werbeprospekte und Ansichtskarten. Die verschiedenen Lokomotiven hatten Vornamen: *Ricklef, Adolf, Paul, Carl* und *Heinrich* hießen sie. Man konnte sogar Geld mit ihnen verdienen, denn wir Kinder legten gern Glückspfennige auf die Gleise, um sie plattfahren zu lassen und anschließend an die Kurgäste für einen Groschen das Stück zu verkaufen.

Nicht wenige glaubten zudem, der neue Inselhafen würde Tür und Tor öffnen für eine lärmende, abgasverseuchte, hektische Verkehrspolitik, und machten sich im Reisebus auf den Weg, um in der niedersächsischen Landeshauptstadt mit selbst gemalten Transparenten zu demonstrieren: »Einen Hafen mit Hast will weder Juister noch Gast!« Vergeblich! Im März 1982 legte das erste Fährschiff direkt am Juister Kai an und wenige Tage später zuckelte die Inselbahn – bunt geschmückt und bis in die hinterste Nische mit traurigen Insulanerinnen und Insulanern gefüllt – ein letztes Mal über die insgesamt gut zwei Kilometer lange Gleisstrecke. Raus aus dem Bahnhof, dann durch den Deich, parallel zur Insel über die Hellerwiesen hinweg, an der Schwarzen Bude, die als Lockschuppen diente, links abgebogen und raus auf die Stelzenstrecke, über die Nordsee hinweg. Klackklack Klackklack.

Vor zwanzig Jahren sah man bei Niedrigwasser noch die Reste des Schiffsanlegers; wie das Gerippe eines gestrandeten Wals erhoben sie sich schwarz aus dem trockengefallenen Wattenmeer. Heute ist davon nichts mehr zu erkennen. Muschelbänke sollen sich dort gebildet haben. Vor allem Austern, die sich erst seit wenigen Jahrzehnten in unsere Gewässer verirrt haben. Wenn Ebbe ist und die Jahreszeit passt, laufen die Einheimischen hin und pflücken sich die neue Delikatesse.

Nur wenig später geht die Flut drüber, verdeckt das Zeugnis der Vergangenheit, niemand erkennt mehr die Stelle, sie ist so graugrün und wellig wie alles ringsherum. Gleich legt die Fähre an. Die Menschen auf Juist sind froh, einen solch modernen und praktischen Hafen zu haben. Alles kommt und geht. Nichts bleibt ewig gleich.

Norden & Süden & Westen & Osten

Der nördlichste und der südlichste Punkt von Juist befinden sich – je nach Wasserstand – fünfhundert bis tausend Meter voneinander entfernt. Und doch liegen Welten dazwischen.

Im Süden der Insel ist das Watt, der Hafen, Deich und Salzwiese. Unaufgeregt. Samtig. Träge. Im Norden ist der Strand, die Nordsee, Düne und Sandbank. Lebendig. Salzig. Stürmisch.

Die Einheimischen erkennt man nicht am Seemannsbart oder Fischerhemd, an flachsblondem Haar oder wettergegerbtem Gesicht. Die Einheimischen erkennt man daran, wohin sie das Fernweh treibt. Wenn es sie überkommt, schauen sie gen Süden, am Deich stehend flieht ihr Blick hinüber zum Festland, das sie humorig »Deutschland« nennen, er erreicht die Schornsteine in Eemshaven, die Windräder in der Krummhörn, bei gutem Wetter die Ludgerikirche in Norden (Norden im Süden, ja, so ist es).

Diejenigen, die sehnsuchtsvoll im Norden der Insel am Strand stehen und den blanken Horizont anschmachten, sind also höchstwahrscheinlich Gäste. Sie verbinden das Ferne und Fremde mit der großen Fahrt über das Meer, während den Inselmenschen ein Reisetag nach Norddeich oftmals schon ausreicht.

Es gibt keinen geeigneteren Ort für das insulare Fernweh als den Juister Bootshafen, der östlich des Fähranlegers liegt. Viele Juister Haushalte besitzen statt eines Autos, das die meiste Zeit in der Garage in Norddeich vor sich hin rosten würde, ein Boot. Manchmal auch zwei, eins zum Segeln und eins zum Gasgeben. Sie heißen *Heimliche Liebe* und *Windspiel, Condor* und *Juist for Fun*. Sie dümpeln im Hafenbecken an schwimmenden Stegen und schaukeln ihre Mannschaft in die wohlverdiente Mittagsruhe, den Feierabend, das Wochenende. Dazu muss man noch nicht einmal losfahren. Irgendwas gibt es an Bord ja immer zu basteln. Mit Leidenschaft die Planken wienern, mit Hochdruck den Rumpf kärchern, mit Fingerspitzengefühl den Außenborder auseinandernehmen und wieder zusammensetzen. Wenn nicht beim eigenen Boot, dann am Liegeplatz nebenan, die Mitglieder des Segelclubs gehen sich untereinander zur Hand, je nach Talent und Spezialgebiet. Wenn die eine sich gut mit GPS und Bordfunk auskennt, flickt der andere im Gegenzug die Naht im Spinnaker. Bei der großen Regatta, die alljährlich auf dem Juister Watt stattfindet und die Dutzende teilnehmende Segelboote aus ganz Ostfriesland anlockt, müssen ohnehin alle an einem Strang ziehen. Bei der Sportveranstaltung tagsüber – und vor allem beim abschließenden Regattaball, dem Höhepunkt des maritimen Inseljahres.

Der Reiz des eigenen Bootes besteht im Konjunktiv. Nicht unbedingt in der Fortbewegung auf dem Meer oder dem Erreichen eines bestimmten Ziels, sondern in der Möglichkeit, jederzeit die Leinen losmachen und aufbrechen zu können. Um wohin auch immer zu reisen. Tiefgang und Strömung stets im Auge, die Gezeiten im Herzen und den Atlas des Wattenmeers in Fleisch und Blut. Denn die Seewege südlich von Juist verästeln sich wie Adern und Äderchen und Kapillaren. Nicht jeder Bootsrumpf passt durch jedes Fahrwasser. Priele, die im letzten Jahr noch mühelos schiffbar gewesen sind, erweisen sich in dieser Saison plötzlich als Nadelöhr und die Fahrt wird im Sandbett ausgebremst bis zur nächsten Flut.

Unser Boot war ein »Shetland Family Four«, knapp fünf Meter lang, Außenbordmotor, wenig Tiefgang, vier Schlafplätze, ein Klo, eine Miniküche. Der Name war Programm: *Büx ut!* Immer, wenn die Zeit es zuließ, sind mein damaliger Mann, die Kinder und ich damit ausgebüxt. Für ein paar Stunden raus aufs Wattenmeer, wo es ruhig ist, weil sich dort keine Touristen tummeln und niemand klingelt, um zu fragen, ob er auch außerhalb der Öffnungszeiten das Tandem ausleihen oder beim Dreirad nur kurz die Luft aufpumpen könne. Zwischen den kleinen, kahlen Birkenbäumchen, die die Wasserwege markieren, trifft man höchstens ein paar andere Seeleute, die ebenfalls unter sich bleiben wollen. Oder erspäht eine mit bloßem Auge kaum erkennbare Gruppe, die sich um den Wattführer versammelt. Manchmal ließen wir spontan den Anker fallen und sind schwimmen gegangen oder haben im seichteren Watt Krabben gefischt. Die wurden anschließend auf dem kleinen Gasherd in Meerwasser gekocht und auf der Heimfahrt gepult und verspeist. Wieder an Land, klebten Salz und Sand und Sonne auf unserer Haut, als wären wir wochenlang im Urlaub gewesen.

Ob wir im Norden, am Strand, denselben Erholungseffekt erzielt hätten? Ich weiß es nicht. Habe ich viel zu selten ausprobiert.

»Wir haben den schönsten Strand der Welt, siebzehn Kilometer lang und buhnenfrei, von überall in nur fünf Minuten zu erreichen, wer hat das schon?« So oder ähnlich geben die Juisterinnen und Juister stolz Auskunft über ihre Heimat. Dabei begegnet man kaum jemals Einheimischen jenseits der Dünenkette. Erst recht nicht im Sommer, wenn alle Welt einem die Strandnähe neidet. Es sind Gäste, die im Sommer auf den Liegestühlen liegen und nach Sonnenöl duften, oder – wenn sie ohne eine Fleißaufgabe unglücklich sind – sich festungsgleiche Burgen bauen und dazu stundenlang Meerwasser in Kannen füllen, um die sandigen Zinnen akkurat zu formen.

Im Sommer putzen die Einheimischen ständig die Fenster, reparieren Fahrräder, decken bei Sonnenaufgang den Frühstückstisch. Und erholen sich, wenn überhaupt, im Watt. Der Sommer und der Strand gehen an ihnen vorüber.

Im Winter atmet der Strand auf, ist weiter und irgendwie auch dunkler und fester, es ist beinahe ein ganz anderer Strand als im Sommer. Nun sitzen die Einheimischen zu Hause und putzen sich die Nasen, reparieren ihr Gemüt, decken bei Sonnenaufgang den Frühstückstisch. Und gehen wieder nicht an den Strand.

Wenn doch mal jemand von der Insel an der Driftkant entlangschlendert, so steckt zumeist ein Anflug von Melancholie dahinter. Diese wird beim Rauschen der Wellen abgebaut, notfalls mit einem Urschrei in den tosenden Sturm geschrien.

Aber es gibt tatsächlich Gelegenheiten, da begegnen sich die Juisterinnen und Juister am Strand, sogar auf Schritt und Tritt und in Bikini und Badehose. Komischerweise ist das aber im Spätherbst – und auf den Kanarischen Inseln, wo ein Großteil der Inselbevölkerung zum Saisonende den verdienten Jahresurlaub verbringt. Da liegen sie dann auf ihren Liegestühlen und duften nach Sonnenöl. Und das, obwohl der schönste Strand der Welt direkt vor ihrer heimischen Haustür liegt. Die Welt ist schon komisch.

Früher lockten Strandungen die Menschen an die nördliche Wasserkante: Fässer mit Zitronen, tonnenweise zugeschnittene Tropenhölzer oder auch mal ein verendeter Wal, das waren Gründe, sich dorthin auf den Weg zu machen. Die wohl kurioseste Strandung, an die ich mich erinnere, fand am Rosenmontag 1999 statt. Einem asiatischen Frachter war bei schwerer See ein Container über Bord gegangen, in dem Turnschuhe der edelsten Marke verschifft wurden. Leider schwemmten diese nach ihrem Bad in der Nordsee weder nach Größen sortiert noch in zusammengehörigen Paaren an. Da musste man sich schon auf die Suche machen. Mit etwas Glück fand sich der linke Schuh in Größe 39 am Aufgang zum Loog und der passende rechte am Hauptbadestrand.

Meine intensivste Zeit am Strand verbrachte ich jedoch allein. Nicht im Sommer mit Beachvolleyball, Sonnenbaden oder Burgenbauen. Nein, ich war im letzten Winter meiner Kindheit fast täglich dort. Und habe gegärtnert …

Die Strandgutgärtnerin

Ihr erster eigener Garten ist unfruchtbar. Der sandige Boden versalzen, stetigem Wind und Wetter ausgeliefert, kein Schatten nirgendwo. Und doch ist es der schönste Garten, den sie je hatte. Hingebungsvoll gießt sie täglich die krummen Gewächse und harkt ordentlich den Grund. Hier gedeihen weder Tomaten noch Geranien, denn ihr Garten ist ein Strand und seine Pracht besteht aus dem, was sie am Spülsaum aufgelesen und für schön befunden hat.

Daraus puzzelt sie ein Beet zusammen. Einen pastellfarbenen Teppich, dessen Blütenmuster sich aus dem Taubenblau und dem Cremeweiß der *Cardiidae* ergibt, die Stängel geformt aus zerbrechlichen *Ensis ensis*, kräftig schwarzblaue Blätter von *Mytilus edulis* spreizen sich ab. Nichts davon verströmt einen süßlichen Duft, um Insekten anzulocken. Vielmehr riecht es nach Fisch und Tang, Silbermöwen umkreisen neugierig das Feld. Ein Muschelbeet bloß, die Wellhornschnecken sind die Rosen, die perlmuttene Innenseite der Austern die Orchideen.

Die Gehölze in ihrem Garten, die sie aufrecht in den Sand gesteckt hat, mögen irgendwann mal irgendwo verwurzelt gewesen sein, haben Äste und Zweige und Blätter, vielleicht sogar Früchte getragen. Doch dann wurden sie geschlagen, geschnitten, gehobelt und vernagelt, waren ein Mast, ein Steuerrad oder Teil einer Vorratstruhe. Man sieht es dem Holz nicht mehr an, denn das Meer hat es deformiert, weich zerfasert es in ihrer Hand. Oder es ist ausgeblichen, grau und hart wie Stein. Dann nutzt sie es als Skulptur und platziert es in der Mitte der Muschelbeete wie eine Engelstatue, die imaginären Füße gebettet auf Kreisen aus dunkelbraunem Torf.

Die Wege im Garten sind durch Taue markiert. Ein kleines Labyrinth aus geflochtenem Hellgrün und Orange. Kunststofffasern, die einmal ein Schiff im Hafen gehalten haben, noch immer stabil und schwer, an den Enden jedoch zerfranst, Federn haben sich im Wirrwarr verfangen. Ringsherum wird das Refugium durch einen Zaun geschützt, der ganz und gar überwindbar ist. So instabil, dass sie ihn ständig neu aufrichten muss, weil die Pfeiler aus Reisig die Last des vollgesogenen Fischernetzes nicht lange tragen wollen und immer wieder einknicken. Ob diese Netze wohl je einen guten Fang beschert haben – Kabeljau, Seelachs, Scholle? Jetzt sind sie leer bis auf die Fetzen einer Plastiktüte mit chinesischen Schriftzeichen.

Sie liebt ihre Schätze, die ganz besonderen Dinge, die ihr die Nordsee so großzügig überlassen hat: ein Rucksack, bundeswehrgrün, offensichtlich schon viele Kilometer unterwegs. Wasser sammelt sich im Innern wie in einem kleinen Teich, Blasentang klebt an den Trageriemen. Herrlich auch diese Flasche, leider ohne Post und sonstigen Inhalt, aber der Korken ist mit rotem Wachs fest versiegelt. Sie fragt sich oft, wofür, wenn doch nichts drinnen ist. Am schönsten aber findet sie den Bernstein. Er ist halb so groß wie ihre Faust – noch etwas zu weich, um zu Schmuck verarbeitet zu werden, da fehlen noch ein paar Tausend Jahre – aber trotzdem ihr wertvollstes Stück. Gefunden hat sie ihn an einem Samstagnachmittag im Oktober, nach drei Tagen strammen Ostwinds, Bernsteinwetter, wie hier jeder weiß. Bald muss sie ihn mitnehmen, wenn sie ihn nicht für immer verlieren will.

Denn im November kommen die ersten Stürme. Sie lassen das Meer an den Dünen lecken und schicken alles, was auf dem Strand gelegen hat, erneut auf die Reise. Wo der Garten war, wird eine ebene Fläche sein, über die bei Ebbe der Flugsand weht.

Und im nächsten Jahr wird sie zu alt sein für solche Kindereien. Ein Garten am Strand, wird sie denken, Muscheln und Stöcke und muffiges Zeug, wie peinlich ist das denn? Wenn sie im kommenden Sommer schwimmen geht, im pinkfarbenen Bikini, die erste heimliche Zigarette im Mundwinkel, da wird sie gar nicht mehr wissen, wo genau sich ihr Garten befunden hat.

Der Juister Westen und der Juister Osten liegen – im Gegensatz zu Süden und Norden – ziemlich weit voneinander entfernt, stolze siebzehn Kilometer, mehr geht auf Juist nicht. Jeweils markiert mit einer Holzbake, den weithin sichtbaren, neun Meter hohen Seezeichen, die den Schiffen draußen verraten, dass sich zwischen ihnen die Insel Juist befindet. Die äußeren Zipfel der Insel gleichen sich auf eigentümliche Weise.

Am Westende ist das Billriff. Weitsicht. Stille. Natur.

Am Ostende ist der Kalfamer. Ebenfalls Weitsicht. Ebenfalls Stille. Ebenfalls Natur.

Einziger Unterschied, doch dieser ist eklatant: Der Westen ist alt, der Osten neu. An der Bill brechen die Dünen ab, am Kalfamer wachsen sie. Hier wird die Urkraft der Naturgewalten greifbar, der Tauschhandel zwischen Land und Meer. Gibst du mir hier ein bisschen Düne ab, dann schenke ich dir dort eine neue Sandbank.

Dazwischen haben die Menschen ihre Häuser gebaut, in der Hoffnung, dort für viele Jahrhunderte eine sichere Bleibe zu finden. Im Loog, im Dorf, im Ostdorf und am Flugplatz.

Auf Juist entgeht einem nicht, woher der Wind weht. Entweder von vorn – oder von hinten. Radelt man gen Osten oder Westen, wird einmal gestrampelt und einmal geflogen. Obwohl, Gegenwind wirkt immer doppelt so heftig wie Rückenwind. Die Anstrengung, sich den Böen entgegenzustemmen, tapfer in die Pedale zu treten, auch wenn einem die Luftmassen den Atem rauben, entspricht nicht dem Genuss, auf der Rückfahrt von ihnen angeschoben zu werden. Insbesondere bei Schietwetter. Regen, der einem ins Gesicht klatscht, ist tausendmal nasser als welcher, der in den Nacken rinnt.

Als Kinder schielten wir morgens nach dem Aufstehen

zur Wetterfahne des Kirchturms, um einzuschätzen, ob wir zur Schule zehn oder zwanzig Minuten brauchen würden. Oft wanderten unsere Gedanken in diesem Moment kurz zu Sven Ahrends. Denn der war zu dem Zeitpunkt, wenn wir im Schlafanzug die Windrichtung prüften, womöglich schon auf dem Weg. Sven, der mit meinem großen Bruder in eine Klasse ging und ihn allmorgendlich zur Schule abholte, lebte am Flugplatz. Quasi am Ende der Welt. Wenn er vor unserer Haustür an die Friedhofsmauer gelehnt auf meinen Bruder wartete, hatte Sven bereits vier Kilometer Strecke hinter sich. Meistens gegen den Wind, der auf der Flugplatzstraße stramm und gnadenlos peitscht und keine Rücksicht nimmt auf Abc-Schützen mit schweren Tornistern. Sven hat nie gemault. Er fand das völlig normal. Uns tat er immer ein bisschen leid. Außer, wenn der Westwind Stärke sieben erreichte und am Nachmittag die Flut auflief, da durfte Sven nämlich schon mal eine Stunde eher von der Schule los, bevor sein Nachhauseweg überflutet war. Unser blanker Neid begleitete ihn.

Am Flugplatz zu leben erschien uns Dorfkindern ziemlich exotisch. Diese völlig andere Welt mit dem kleinen Tower, der Abfertigungs- und Flugzeughalle, wo sogar »Follow Me«-Autos fahren durften und es entsprechend ab und zu nach Benzin roch, besuchten wir höchstens bei einem Ausflug, weil im dortigen Café ein Eisbecher lockte. Oder wenn wir ausnahmsweise einmal mit dem Flieger zum Festland übersetzen mussten, weil es mit der Fähre nicht möglich war. Im Sommer summen die Cessnas und Islanders wie überdimensionale Wespen über der Landebahn. Und im Winter sind die Propellermaschinen oft die einzige Verbindung zum Rest der Welt.

Richtig kennen und lieben lernte ich den Insel-Osten in der siebten Klasse, als die einwöchige Klassenfahrt zum Flugplatz stattfand. Obwohl der nur vier Kilometer vom heimischen Pfarrhaus in der Wilhelmstraße entfernt liegt zählt diese Klassenfahrt zu den schönsten Erinnerungen meiner Juister Schulzeit. Denn am Flugplatz befindet sich die Jugendbildungsstätte Theodor Wuppermann e.V., die 1956 ursprünglich als Segelflugschule gegründet und dann um verschiedene pädagogische Bereiche erweitert worden ist. Eine Woche lang durften wir Juister Jugendlichen uns intensiv mit Modellbau, Keramik oder Motortechnik beschäftigen. Ich belegte einen Fotografiekurs, begab mich mit der Kamera auf Motivsuche in die atemberaubende Dünenwelt, die sich jenseits des Flugplatzgeländes ausbreitet, und lernte anschließend die Arbeit in der Dunkelkammer kennen. Das erste Mal in meinem Leben betrachtete ich meine Heimat durch einen Sucher, stellte scharf und verliebte mich in die Schönheit der einzelnen Sandkörner. Oder erlebte das Panorama der Nordsee als Gesamtkomposition. Die Fotos kleben noch heute in meinem Album: halb verwehte Fischernetze, Sandformationen im Marmorlook, faserige Möwenfedern im Spülsaum – und die dreizehnjährige Sandra im Mehrstockbett, am Discoabend, beim Besuchstag der Eltern. Die Bonusweisheit, die wir Schülerinnen und Schüler über das Kursziel hinaus mit auf den Weg nahmen: Um den Horizont zu erweitern, muss man nicht meilenweit reisen, sondern nur ab und zu neue Perspektiven einnehmen.

Sven Ahrends hat das auch getan und den wohl ungewöhnlichsten Umzug, der auf Juist möglich ist, gewagt: Nach seiner Ausbildung zum Koch im Hotel und seiner Zeit als Zivildienstleistender in einem Juister Ferienheim hat er sich – gerade einundzwanzig Jahre alt – als Pächter für die Domäne Bill gemeldet und konnte sich gegen dreißig Mitbewerberinnen und Mitbewerber durchsetzen. Mit Sack und Pack ging es für ihn ans entgegengesetzte Ende der Insel, um gemeinsam mit seiner Frau Helga, gelernte Hauswirtschafterin und Ökotrophologin, die Gaststätte im äußersten Westen zu übernehmen.

»Für uns war das ein echter Glücksfall. Wir wussten beide, wir wollen für immer auf Juist bleiben, aber nicht unbedingt im Trubel des Inseldorfs. Ich hab mal drei Monate an der Billstraße gewohnt und gemerkt: Meine Welt ist das nicht. Ich brauche Ruhe und Natur um mich herum. Und ich habe gern die Wahl, wann ich Menschen begegne und wann ich lieber für mich bin.« Man könnte glauben, Sven sei ein verschrobener Misanthrop, wer sonst würde freiwillig diese Abgeschiedenheit auf sich nehmen. Doch Sven ist offen, humorvoll, engagiert, Vater von vier inzwischen erwachsenen, auf dem Festland lebenden Kindern. Auch wenn man ihn jahrelang nicht gesehen hat, kann man mit Sven drauflosquatschen, als läge die gemeinsame Zeit in der Inselschule und im Jugendclub nur wenige Stunden zurück. »Für mich war es nie ein Problem, den Inselklüngel aus sicherer Distanz zu beobachten. Als Jugendlicher vom Osten aus und nun eben von Westen.« Selbst die paar Tage, in denen er seiner Frau Helga bei der Gartenarbeit rund ums kleine Ferienhaus hilft, das die beiden sich gekauft haben, sind ihm zu turbulent, dabei steht dieses Haus im gemütlichen Ortsteil Loog.

So ganz menschenleer ist es an der Domäne Bill in der Saison allerdings auch nicht. Um die gut besuchte Gaststätte zu betreiben, beschäftigen Helga und Sven drei bis vier Mitarbeiterinnen und Mitarbeiter, die ebenfalls unter dem Dach des rot geklinkerten Domänenhauses leben. »Das hat schon etwas Familiäres, denn wir essen alle gemeinsam an einem der Tische im dann leeren Gastraum. Es sind Studierende oder Menschen im Sabbatjahr, oftmals auch junge Leute, die nach dem Schulabschluss ausprobieren wollen, einige Monate dort zu leben, wo sie sonst ihre Ferien verbracht haben. Viele aus unserem Team jobben schon seit Jahren jeden Sommer hier. Sie genießen die Ruhe außerhalb der Öffnungszeiten, den ungetrübten Nachthimmel und die Stille hinter dem Meeresrauschen. Aber sie mögen es auch, wenn uns die Leute aus dem Dorf tagsüber die Bude einrennen.« Dann tummeln sich im hellen Gastraum oder an den rustikalen Holztischen im Außenbereich die Menschen, die sich zu Fuß oder mit dem Rad in den Westen gewagt haben. Für echte Juist-Gäste ein Muss im Urlaubsprogramm, weil man ja früher schon so oft mit den Eltern hier gewesen ist. Oder mit den Großeltern. Und nun den Kindern oder Enkelkindern alles zeigen will.

Da braucht es keine Austern und keinen Champagner auf der Speisekarte. Hier genießt man nämlich den ungeheimsten Geheimtipp der Insel: Rosinenstuten mit dick Butter drauf. Alle, wirklich alle, die schon mal auf Juist gewesen sind, benutzen bei ihren Erinnerungen einmal das Wort »Rosinenstuten«. Und/oder »Milchreis«. »Es ist ein Phänomen, dass diese Erinnerungen bei unseren Gästen so positiv besetzt sind«, erzählt Sven. »Mal ehrlich: Milchreis ist Milchreis, wir zaubern da nichts Besonderes. Normale Milch, normaler Reis, normaler Zimt und Zucker. Dennoch finden die Menschen ihn hier außergewöhnlich lecker.« Sven und Helga absolvieren einen ständigen Balanceakt zwischen Nostalgie und Modernität. Noch immer setzt das Lokal auf Selbstbedienung, noch immer gibt es kein Gäste-WLAN, aber natürlich werden vegane Alternativen zum Latte macchiato geboten. Zwei- bis dreimal pro Monat beschweren sich die Gäste, dass es keine Dickmilch mehr gebe, diese ostfriesische Spezialität, die man ebenfalls mit Zimt und Zucker oder Kompott isst. »Die stehen dann vor mir und schwören Stein und Bein, dass sie im letzten Jahr bei uns die beste Dickmilch ihres Lebens gegessen hätten. Wenn ich dagegenhalte, dass wir dieses Gericht seit dreißig Jahren nicht auf der Karte haben, also seit wir hier die Pächter sind, ernten wir ungläubiges Kopfschütteln, weil wir ja nun wirklich echt überhaupt keine Ahnung haben von unserem eigenen Angebot.«

Nervt das nicht? »Nein«, versichert Sven. »Bevor ich genervt bin, ziehe ich mich einfach zurück. Platz genug haben wir. Einmal ums Westende gelaufen, und ich bin wieder völlig entspannt.« Früher hat er zum Abreagieren mit dem Traktor das Heu eingeholt, aber da hatten Helga und Sven auch noch Gänse, die sie zu Weihnachten frisch geschlachtet und gerupft verkauften, und Ziegen und Rinder, von denen sie sich Milch versprachen. Doch diesen Traum vom Bilderbuchbauernhof haben sie inzwischen wieder aufgegeben. »Wenn sich Aufwand und Nutzen auf Dauer nicht in Einklang bringen lassen, sollte man sich das nicht antun. Wir rennen hier schließlich keiner künstlichen Idylle hinterher.«

Sehr zur Enttäuschung der Medien, die alle naselang an der Bill auftauchen, um Sven und seine Familie zu porträtieren. »Die wünschen sich immer den naturverbundenen Burschen, der mit sorgenvollem Gesicht auf die Dünenabbrüche zeigt und ein bisschen Katastrophenstimmung verbreitet. Wenn ich dann sage, dass es nun mal der Lauf der Dinge ist und die Dünen, die hier abbrechen, dafür hinten am Flugplatz neu wachsen, lassen sie schnell die Kameras sinken.« Als Sven nach langer Zeit mal wieder in seiner alten Heimat, also rund um den Flugplatz, spazieren war, hat er die Landschaft kaum wiedererkannt. So hohe Dünen, so dichter Bewuchs. Dafür pirscht sich die Nordsee bei Sturmflut immer näher an sein jetziges Zuhause heran, in einer einzigen Sturmnacht wurden zwanzig Meter Randdünen abgetragen. Die Gefährdung der Domäne Bill ist akut, der Küstenschutz wurde aktiv und sorgte mit Sandaufwerfungen und gezielter Bepflanzung für Verstärkung. »Dass die Natur keine heile Welt ist, können manche nur schwer ertragen. Der Familienvater, der mich gerufen hat, weil auf der Wiese eine Graugansfamilie eines der Küken mobbte – ja, wirklich, so hat er sich ausgedrückt –, der hat mich schief angeguckt, als ich entgegnete, dann sei das Küken eine willkommene Nahrung für den Falken, der hier öfter mal vorbeischaut.« Sven hat jede Menge solcher Anekdoten auf Lager. »Oder die Gäste, die den verletzten Vogel aus den Dünen anschleppten. Gebrochener Flügel. Ob man den kleben könne, haben sie gefragt. Kleben!« Sven lacht. Er lacht viel. Der Mann, der auf Juist so weit herumgekommen ist wie sonst keiner. Von Ost nach West. Und immer genau am richtigen Ort.

Land & Meer

Es geschah am dritten Tag. Seit vorgestern funktionierten die Uhren. Seit gestern herrschte die richtige Atmosphäre. Und heute war Schluss mit der Überschwemmung. Der Chef sorgte dafür, dass das Wasser abfließen konnte und endlich ein paar trockene Stellen sichtbar wurden, auf denen es sich aushalten ließ. Bis zum Ende der Woche stand noch einiges auf der To-do-Liste: Beleuchtung, Garten, und um die Tiere musste sich schließlich auch noch jemand kümmern. Am Samstag wäre dann der Einzug und am Sonntag Ruhe im Karton.

Aber am dritten von sieben Tagen passierte es: Da trennte der Gott des Alten Testaments das Trockene vom Nassen.

Und schuf damit die Inseln.

Und gleichsam den ewigen Kampf zwischen Land und Meer.

Weichst du zurück, komme ich dir nach. Bestürmst du mich, geb ich dir Raum. Grenzt du dich ab, pralle ich dagegen. Stell ich auf stur, suchst du dir andere Wege, mich zu erobern.

Ist das wirklich ein Kampf? Oder vielmehr ein Flirt? Ein Tanz?

Juist entstand nicht am dritten Tag, sondern viele, viele Jahrtausende später. Geologisch gesehen, ist die Insel ein ganz junges Ding, genau wie ihre Schwestern links und rechts.

Die Ostfriesischen Inseln sind kein abgerissenes Stück Endmoräne wie Sylt, Föhr oder Amrum, die mit dem Ende der letzten Eiszeit durch den steigenden Meeresspiegel allmählich zu Inseln wurden, sondern ein sandiges Geschenk der Nordsee. Aufwerfungen von Sedimenten, herbeigeschafft von Ebbe und Flut, auf denen irgendwann ein Samenkorn liegen blieb und Wurzeln schlagen, aufkeimen, wachsen, dem Wind trotzen konnte. Bis sich an diesem tapferen Halm weiteres Saatgut verfing, aufkeimte, wuchs. Ein Stück Land in ständiger Bewegung, inmitten eines trotz Deichen und Buhnen unbezähmbaren Meeres. Wer glaubt, man könne sich an der Küste irgendwann auf einen Status quo berufen, irrt gewaltig. Und verkennt die Schönheit, die gerade in diesem Geben und Nehmen steckt.

Das Meer wird zu Unrecht verteufelt. Es gäbe das eine nicht ohne das andere. Ohne Meer keine Inseln. Umgekehrt brauchen die Wellen ein Ufer, an dem sie auslaufen, an dem sie sich abarbeiten können.

Land und Meer. Genauer: Sand und Salzwasser.

Der Sand, Grundbaustoff der Insel, war früher mal ein Fels im Landesinneren, höchstwahrscheinlich in Skandinavien, der durch Regen, Eis und Wind abgebrochen und von einem Fluss zum Meer getrieben wurde. Dort war seine Reise längst nicht zu Ende, mal lag er am Strand, mal am Meeresgrund, mal surfte er im Schaum der tosenden Wellen. Die Jahrtausende schliffen ihn zu runden, nur wenige Mikrometer kleinen Körnern, pulverisierten ihn, bis er flügge wurde, fliegen lernte. Von Juist aus reist er eines Tages vielleicht in der Falte eines im Koffer verstauten Strandkleides weiter, sagen wir ins Münsterland, wird dort von einer Waschmaschine herausgespült, gelangt ins Abwasser, setzt sich im Klärbecken ab, landet als Dünger auf westfälischen Kartoffeläckern … Jetzt schweife ich ab.

Der Juister Sand sieht nicht überall gleich aus. Im Watt ist er satter, dunkler und gröber, riecht würzig nach Leben und Vergänglichkeit. In den Dünen und am Strand wirkt er leicht wie ein Schleier und aus der Ferne fast weiß, was an den reflektierenden Quarzen liegt, die im Körnergemenge die Mehrheit stellen.

Vor mehr als hundert Jahren führte eine breite Treppe vom Kurhaus hinunter an den Hauptbadestrand. Ein prächtiger Ort zum Flanieren, zudem deutlich bequemer als die Holzstege heutzutage. Warum stellt denn der Bürgermeister nicht einfach mal ein paar Schaufeln zur Verfügung, es fänden sich gewiss genügend Freiwillige, um die Stufen wieder freizulegen. Das wäre doch mal eine tolle Aktion! Allerdings nicht die erste dieser Art. Auf alten Fotografien offenbart sich die wechselvolle Geschichte dieser Strandtreppe: Im Jahr 1913 ist sie nicht zu erkennen, doch im Stadtplan von 1914 wurde sie kartiert. 1922 ragen noch vereinzelte Reste aus kniehohem Sand, im Jahre 1928 ist sie komplett verschluckt, um sich im Juist-Prospekt von 1935 wieder picobello zu präsentieren. Irgendwann hat man entschieden, dass sich der Aufwand, sie wieder und wieder freizuschaufeln, nicht lohnt, da jeder Eimer Sand, den man zusammengefegt und weggetragen hat, in kürzester Zeit und in doppelter Menge zurückgeweht wird. Heute erinnern links und rechts des Strandaufgangs in der Nähe der öffentlichen Toiletten lediglich zwei verwitterte steinerne Mauerreste an den einstigen Prachtbau. Als Kind bin ich darauf herumgeklettert, ohne zu wissen, dass es die oberen Pfeiler des Geländers sind, an dem entlang man früher zum Bade schritt. Tonnenschwerer Sand verschüttet die restlichen Erinnerungen. Er hat gewonnen. Sisyphos fände als Einziger Gefallen daran, hier weiterzuschaufeln. Der Sand versucht jeden Tag aufs Neue, sich die Insel untertan zu machen, und trägt auf lange Sicht den Sieg davon.

Gerade in diesem aussichtslosen Kampf liegt die Magie. Unsere Sandburgen am Spülsaum lieben wir just in dem Moment am meisten, wenn das auflaufende Wasser die Fundamente untergräbt und die mühevoll geformte Festung in sich zusammenbröselt. In den 1990er-Jahren versammelten sich während der Hochsaison ganze Menschenmassen, um gemeinsam bei Niedrigwasser einen Schiffsrumpf aus Sand zu bauen. »Schipp up Strand« hieß die beliebte Aktion, die von Wattführer Heino initiiert war. Eltern und Kinder schufteten stundenlang, klebten Muschelschalen als Schutzpanzer auf die dem Meer zugewandte Seite, leiteten Priele um und klopften auf die brusthohen Wälle ein, bis sie Betonwänden glichen. Das Ziel war nicht die Beständigkeit, denn allen war klar, dass in nur wenigen Stunden von diesem Bollwerk nicht der kleinste Krümel übrig bleiben würde. Das Ziel war, den Moment des Schiffbruchs so lange wie möglich hinauszuzögern – um dann stolz wie ein Kapitän als Letzter von Bord zu gehen und das sandige Wrack der See zu überlassen, die mit einer Mischung aus Gier und Gleichmut über alles hinwegleckt, sich alles einverleibt.

Dabei hat sie keinen Leib, diese See, man kann sie weder fassen noch halten. Dafür schmecken und riechen. Wäre das Meer eine Suppe, so wäre ihr Koch schwer verliebt gewesen. Ein Natriumchloridgehalt von 3,2 Prozent macht sie ungenießbar. Und gesundheitsschädlich: Schiffbrüchige, die das sie in rauen Mengen umgebende Salzwasser trinken, verdursten. Da helfen auch nicht die anderen darin enthaltenen Mineralien wie Calcium, Magnesium, Kalium und Spurenelemente von Jod, die für sich genommen so gesund sind, dass wir sie als Nahrungsergänzungsmittel zu uns nehmen.

Machen wir uns nichts vor, die Nordsee hat viele Macken. Sogar im Hochsommer ist sie immer etwas zu kabbelig zum Schwimmen und ein paar Grad zu kalt zum Plantschen. Sie ist niemals glasklar und azurblau wie das Meer auf den Malediven, beim Schnorcheln kann man keine kunterbunten Fischlein beobachten oder mit handzahmen Oktopussen spielen. Die Nordsee müffelt gelegentlich und sondert glitschigen Schaum ab, der wie viele winzige weiße Pudel über den Strand tollt und an Umweltverschmutzung denken lässt (unbegründet, es handelt sich dabei um die Überreste natürlich abgestorbener Algen). Müsste man der Nordsee ein Zeugnis ausstellen, so stünde dort: »Sie bestach durch ihr natürliches Wesen«.

Früher habe ich mich immer ein bisschen geschämt für das Meer meiner Heimatinsel. Bis ich es leuchten sah. Meeresleuchten. Neptuns Lightshow. Nur nach besonders heißen Tagen und bei Windstille kann man mit viel Glück und nach Einbruch der Dunkelheit das Spiel lumineszierender Kleinstalgen beobachten. Der feuchte Sand um die Füße herum funkelt dann wie die Pflastersteine in Michael Jacksons Billie-Jean-Videoclip. In den Wellenkämmen flackern blaugrüne Neonröhren. Und wer sich traut, zieht sich aus, stürzt sich in die Fluten und taucht mit geöffneten Augen, startet einen Flug durch die unendlichen Weiten des Universums, denn so sieht es bei Meeresleuchten unter Wasser aus. Gleißend helle Galaxien ziehen vorüber, als wäre man die Kamera, die den Vorspann einer *Star Trek*-Episode zu filmen hat.

Die Nordsee besticht durch ihr übernatürliches Wesen. Wenn ich es nicht selbst vier- oder fünfmal erlebt hätte, ich würde es für einen Mythos halten wie Nixen oder Seeungeheuer.

Kein Wunder, entsteigen den Ozeanen doch die schaurigsten, die wundersamsten Geschichten, wird das Schöne mit dem Tragischen verwoben zu einem sandigen, nassen Schlachtfeld. Unter den Wogen liegen jene Orte, die sich ergeben mussten und deren Überbleibsel hin und wieder freigelegt werden, damit wir uns ihrer entsinnen.

Burchana – so hieß die erste in den Annalen verzeichnete Insel in diesem Teil der Nordsee. Einige Jahre vor Jesu Geburt von den Römern erobert, soll sie die größte Insel gewesen sein, die sich das Kaiserreich während der sogenannten Drusus-Feldzüge einverleibte. Plinius der Ältere gab ihr den Namen Fabaria, der übersetzt »Bohneninsel« bedeutet, was einem damals dort heimischen Gewächs geschuldet war. »Dort wohnt ein beklagenswert armes Volk auf hohen Erdhügeln, die man so hoch aufgeworfen hat, wie erfahrungsgemäß die höchste Flut steigt.« Viel weiß man nicht über die genaue Lage und den Zustand dieser Ur-Insel – doch ihr Untergang ist verzeichnet.

Schuld war die »Grote Mandränke«, die wohl verheerendste Sturmflut der südlichen Nordsee, bei der im Januar 1362 Zehntausende Menschen sowie unzählige Tiere ertranken und große Flächen Ackerland verloren gingen. Die Katastrophe traf die Friesen in einem ohnehin schon elenden Zustand. Seit Generationen waren die Küstenbewohner dem »Schwarzen Tod« ausgeliefert, es herrschten Hunger und Armut, und da das Wissen um den Küstenschutz noch sehr rudimentär war, erwies sich der mühselige Deichbau oft als unsinnig. Drei Tage und Nächte wütete der Sturm aus Nordwest, und als er sich endlich legte, war nichts mehr wie zuvor. In Nordfriesland waren die dem Festland vorgelagerten Ländereien, die sogenannten

Uthlande, zerrissen. Die dort angesiedelte sagenumwobene Handelsstadt Rungholt versank im Meer, bei ruhigem Wetter soll man jedoch noch heute die Glocken der Rungholter Kirche läuten hören.

Und weiter westlich, zwischen der Ems- und der Wesermündung, wurde Burchana zerschlagen in die Inseln Borkum, Bant, Juist, Buise und Osterende. So ist es geschehen – oder doch ganz anders. Die Inseln wandern bekanntermaßen von Westen nach Osten und auch ein wenig von Norden nach Süden, deshalb ist es schwer, die konkrete Lage von damals mit den Seekarten von heute zu vergleichen. Bant ist wohl völlig verschwunden und aus Buise und Osterende könnte Norderney geworden sein, doch wer weiß das schon genau. Fest steht: Wenige Jahrzehnte nach der Mandränke, die auch Zweite Marcellusflut genannt wird, war die neu entstandene Insel Juist besiedelt. Das Dorf befand sich in etwa auf Höhe des heutigen Hammersees, allerdings etliche Meter weiter nördlich. Bei extremem Niedrigwasser lassen sich auch heute, mehr als sechs Jahrhunderte später, auf der Strandseite Überbleibsel alter Brunnen und Reste grobgebrannter Backsteine entdecken. Vielleicht gehörten Letztere zum gewaltigen Turm der ersten Inselkirche, der stolze fünfzig Meter hoch gewesen sein und bei Nacht als Leuchtfeuer für die Seefahrer gedient haben soll. Und den Inselfamilien als Zufluchtsort bei Hochwasser oder Überfällen durch Seeräuber. Im Turminnern standen kleine Bettstätten, Kammern und auch Schießscharten zur Verfügung.

Das Bauwerk überlebte die »Allerheiligenflut« im Jahre 1570. Doch ein knappes Jahrhundert später – im Februar 1651 – durchbrach die schicksalhafte »Petriflut« die Dünenkette, fraß sich durch die Ruhestätten des kleinen Kirchhofs, legte Gräber frei und unterspülte die Fundamente des Turms, sodass dieser wenige Jahre später in sich zusammenstürzte. Auch das Inseldorf, das größtenteils aus einfachen Holzbaracken bestanden hatte, wurde – nein, nicht dem Erdboden gleichgemacht, eher dem Strand. Eine rund zwei Kilometer breite Lücke klaffte in der Inselmitte, bei jedem normalen Hochwasser ging die Flut darüber hinweg. Notgedrungen zogen die Inselfamilien um. Es muss zum Streit gekommen sein, wo genau das neue Dorf entstehen sollte. Und da man sich nicht einigen konnte, wurden zwei neue Siedlungen errichtet, mit zwei kleinen Gotteshäusern, damit der lange Weg zum Seelenheil über den »Hammer« (so hieß der Inseldurchbruch) nicht als Ausrede für das Schwänzen des Gottesdienstes herhalten konnte.

Einzig am Heiligen Abend versammelte sich die gesamte Inselgemeinde im etwas größeren Kirchlein im Billdorf. So auch im Jahre 1717 …

> Seit mehreren Tagen hatte es stark geweht. Der Südweststurm hatte gewaltige Wassermassen aus dem Ozean durch den englischen Kanal in die Nordsee getrieben. Der Sturm ging nach Nordwesten herum und peitschte die Wogen gegen Strand und Küste. Als am Heiligabend das Glöcklein zur Christvesper in die Billkirche rief, wurde seine Stimme von dem Brausen des Sturmes und von den immer dringender um Hilfe flehenden Kanonenschüssen eines englischen Kriegsschiffes in Seenot übertönt. Aber die Gemeinde kam aus Westdorf und Ostdorf zur Christfeier vollzählig zusammen. Dem Engländer war bei der hochgehenden See nicht zu helfen. Strand und Strandung konnten die Insulaner an diesem Abend nicht fesseln. Eine Springflut war nicht zu erwarten. Außerdem war um die Zeit des Gottesdienstes niedrig Wasser. Weihnachts-

lieder wurden gesungen, die Weihnachtsbotschaft von der Liebe Gottes in der Geburt des Christuskindes erklang. Der Gottesdienst war vorüber, die Besucher kämpften sich durch den Sturm hindurch zum warmen Herd. Immer lauter brauste der Sturm, immer wilder brandete das Meer. Ein paar Bewohner des Loogs ließen sich noch einige Zeit auf der Bill festhalten. Endlich machten sie sich auf den Heimweg. Aber sie hatten das Ostdorf noch nicht erreicht, da kam die Flut dahergebraust – nicht wie sonst langsam steigend, sondern wie ein hochgetürmter Wall. Die nächtlichen Wanderer wurden unter ihr begraben und gegen die Dünen geworfen. Am anderen Morgen fand man ihre Leichen.

Achtundzwanzig Männer, Frauen und Kinder ließen in dieser Nacht ihr Leben. Neun Häuser im Westdorf und die Billkirche, in der das Kerzenwachs noch warm gewesen sein mag, wurden zerstört.

War das ein Tsunami? Die historischen Aufzeichnungen lesen sich größtenteils so, da ist stets von einer plötzlich entgegen den Gezeiten auftretenden riesigen Welle die Rede. Jedoch gibt es in der Nordsee keine Seebeben, die ein solches Phänomen auslösen könnten. Vielleicht handelte es sich um eine Monsterwelle? Diese wurden viele Jahre lang als Seemannsgarn abgetan, bis die Fotografie aufkam und die Matrosen Beweisbilder schießen konnten, da wurde diese angebliche Mär zu einer Wissenschaft erhoben. Das Entstehen dieser zwanzig und mehr Meter hohen Wasserberge lässt sich vermutlich durch eine spezielle Konstellation von Wind, Strömung und Dünung (also die Richtung der Wellen) erklären. Bislang unterscheidet man drei verschiedene Arten von Monsterwellen: den Kaventsmann (einzeln, groß und schnell), die Drei Schwestern (mehrere aufeinanderfolgende hohe Wellen mit schmalen Tälern dazwischen) und die Weiße Wand (einzeln, sehr steil mit sprühender Gischt).

Als junges Mädchen hörte ich zum ersten Mal die Geschichte der Weihnachtsflut. Sie war Bestandteil der Dia-Vorträge über die Inselkirchengeschichte, die mein Vater in den Sommermonaten hielt. Die Erzählung über die zweigeteilte Insel, das sinkende Kriegsschiff, die nächtliche Wanderung über den Sand und ihr grausames Ende ließ mich gleichsam schaudern und aufhorchen, zog mich in ihren Bann. Womöglich habe ich damals schon darüber nachgedacht, später Schriftstellerin zu werden und das Schicksal der Insel in Romanform zu bringen. *Die Inselvogtin* erschien 2009, eine Heldinnenerzählung rund um die fiktive Juisterin Maikea Boyunga, die aus diesen furchtbaren Erlebnissen vom nassen Tod, von Zerstörung und Neubeginn wertvolle Erkenntnisse über den Küstenschutz schöpft, jedoch bei den Verantwortlichen auf wenig Gehör stößt.

Damals blieb ein Teil der Gemeinde im vertrauteren westlichen Dünental. Die Mutigeren jedoch zogen damals gen Osten, weil sie hofften, dass dort die Zukunft liegen würde. Das Meer würde immer wieder heranrollen und die Insel in ihrer Form verändern. Besser, man passte sich diesen Gegebenheiten an. Ausgerechnet sie, die den Fortschritt wagten, starben auf ihrem Heimweg. Die weniger Mutigen verloren zwar Hab und Gut – blieben aber am Leben und zogen nach dieser furchtbaren Nacht allesamt in das neue, durch das Unglück verwaiste Ostdorf.

Wie viel Demut brauchen wir für die Begegnung mit dem Blanken Hans? Und wie viel Kampfgeist? Wo klagen wir über Verluste und wo erobern wir optimistisch das neu entstandene Land?

Der Inseldurchbruch ist verheilt, zwei inzwischen von den Dünen verschluckte Deiche zur Watt- und zur Seeseite hin haben die Lücke geschlossen. Dazwischen liegt der Hammersee, ein wundervolles Naturschutzgebiet, das es ohne die Petriflut vor fast vierhundert Jahren heute nicht gäbe.

Als letzte verheerende Nordsee-Sturmflut wütete die als Hamburger Sturmflut bekannte Katastrophe im Februar 1962. Doch während auf dem ostfriesischen Festland die Deiche brachen, in Norddeich Mole die Toilettenhäuschen und auf Norderney die Strandmauern zertrümmert wurden, konnte Juist mit einem Wall aus Sandsäcken verhindern, dass das Wasser ins Inseldorf vordrang. Einzig die am Flugplatz lebenden Menschen bekamen nasse Füße und mussten sich und ihre Habseligkeiten in den Tower retten.

Am Westende verliert die Insel auch heute noch Jahr für Jahr ein paar Meter Randdünen. Die steilen Bruchkanten, aus denen die freigelegten Wurzeln der Dünengräser ragen, machen einen erschreckten Eindruck, als hätten sie noch versucht, vor der Brandung zu fliehen. Zwar werden ständig neue Sandfangzäune gezogen, wird fleißig Strandhafer gepflanzt, doch dieser rund einen Kilometer lange Abschnitt zwischen Hammersee und Domäne Bill ist schmal und die Schwachstelle der Insel. Der Meeresspiegel steigt und mit ihm die Gefahr von zerstörerischen Fluten. Die Nachbarinseln Norderney und Borkum haben ihre empfindlichen Ufer mit Strandmauern und Buhnen – also in den Meeresboden eingelassenen Steinwällen, die dem Sandfang und der Verringerung der Strömungsgeschwindigkeit dienen – geschützt. Eine kosten- und arbeitsintensive Maßnahme, die ständiger Pflege bedarf. Juist hingegen hat sich für den natürlichen Küstenschutz entschieden.

Am anderen Ende der Insel hat das Meer uns beschenkt.

Durch Sedimentablagerungen und Flugsand entstand als jüngstes Stück Juist der Kalfamer (d.h. Kälberwiese). Als ich in den 1970er-Jahren nach Juist kam, war der Kalfamer noch nicht mit der Hauptinsel verwachsen, inzwischen erheben sich die Dünen so hoch, dass man den Übergang zum Neuland bestenfalls erahnen kann. Der Kalfamer genießt Welpenschutz, während der Brutzeit ist das Betreten verboten und die restlichen Monate haben sich die Wandernden an strenge Regeln und Wegvorgaben zu halten.

Doch auch im Westen wächst was. Die Kachelotplate, die einige Kilometer südwestlich von Juist liegt, steht kurz davor, vom Hochsand (das ist eine Sandbank, die auch bei Hochwasser nur noch selten überspült wird) zur Insel befördert zu werden. Ein paar Jahre lang schlugen dort sogar einige Gräser selbstbewusst ihre Wurzeln in den Boden, bis eine Sturmflut im Jahr 2006 wieder Tabula rasa machte. Auf lange Sicht wird Kachelot (aus dem französischen *cachalot* = Pottwal) wohl an die Vogelinsel Memmert andocken, nur noch dreitausend Meter liegen dazwischen, die Fusion ist also eine Frage von wenigen Jahrzehnten. Einem Gerücht zufolge haben sich rund um den Millenniumswechsel einige Juister auf den Seeweg gemacht, um ihre gelb-blau-weiße Flagge zur Sicherung des Territoriums in den Kacheloter Sand zu stecken. Damit wollten sie den Borkumern zuvorkommen, die wohl schon mit demselben Gedanken spielten.

Doch bislang wird Kachelot weiterhin nur von genügsamen Robben bewohnt. Die haben es auch deutlich leichter auf solch unsicherem Terrain, schließlich fühlen sie sich überall wohl, auf dem Lande und im Meer. Seehündin müsste man sein.

Erlaubt & Verboten

»Aber die heile Inselwelt, die vermissen Sie doch sicher schrecklich, oder?«

Das ist die mit Abstand häufigste Frage, die mir bei Lesungen und in Interviews gestellt wird. Meine Antwort lautet in etwa, dass ich an die heile Welt nicht so recht glaube. Warum sonst hätte ich meine Schriftstellerinnenkarriere ausgerechnet mit Krimis begonnen? Bei so viel Friede, Freude, Inselidylle entwickelt sich zwangsläufig eine besondere Neigung zum Verbotenen.

Das erste Mal bewusst schwarzgefahren bin ich in den Siebzigerjahren mit der Inselbahn.

Später, als es diese nicht mehr gab, bin ich am Hafen einem illegalen Nebenjob nachgegangen und habe das Gepäck der Gäste in unseren Bollerwagen geladen. Während ich den frisch Angereisten den Weg zur Frühstückspension gezeigt habe, durfte ich mich auf keinen Fall von einem der professionellen Kofferfahrer erwischen lassen, sonst gab's Saures – es sei denn, die Gäste haben mitgespielt und behauptet, meine Onkel und Tanten zu sein.

Noch strenger verboten als der Kofferservice war und ist das

Betreten der Randdünen, denn sie schützen die Insel, das haben uns die Lehrer mindestens einmal pro Schuljahr mit erhobenem Zeigefinger gepredigt. Da aber sowohl die »Teeny-Disco« (bis 16 Jahre) wie auch der »Zappel« (ab 16 Jahren) direkt an der Strandpromenade lagen, haben wir natürlich in jugendlicher Ungeduld den kürzesten Weg durch die Dünen gewählt – damals bevorzugt zu Songs wie »Irgendwie, irgendwo, irgendwann«. Direkt habe ich ihn wieder im Ohr: »Gib mir die Hand, ich bau dir ein Schloss aus Sand ...«

Ach ja, das »Schloss« am Meer – das historische Kurhaus. Es steht noch immer auf einer der höchsten Dünen im Ortskern und ist heute ein Luxushotel mit Glaskuppel und Nobelküche. Damals, ich war inzwischen volljährig und besuchte während der Woche das Gymnasium auf dem Festland, war das imposante Gebäude noch total runtergekommen und von Rettungsschwimmern oder Kneipenwirten bewohnt. Drinnen durchquerten wir heimlich ein leerstehendes Schwimmbad mit ausgeschlagenen Kacheln, schlichen durch die verlassene Kunstgalerie und den gespenstischen, eher staubgrauen »Weißen Saal«. Weil man oben auf dem Flachdach, wo wir am Sonntag gegen 15 Uhr frühstückten, den prachtvollen Blick auf Norderney, Norddeich, Greetsiel, Memmert und Borkum genießen konnte. Total verboten!

Heute bin ich erwachsen. Heute lebe ich in Berlin – eine Stadt, die wohl niemand als heile Welt bezeichnen würde – und schreibe weiterhin mit Vorliebe Geschichten, in denen es darum geht, eine Idylle nach und nach zu entzaubern. Wenn ich gefragt werde, ob ich sie nicht vermisse, die Zeit in der heilen Inselwelt, dann sage ich Jein – und meine: Am meisten vermisse ich die Momente, in denen ich gegen sie rebelliert habe.

Sechzehn Diebstähle (die meisten davon betreffen Fahrräder), vierzehn Fälle von Körperverletzung, fünf Fälle von Betäubungsmittelkriminalität, zwölf Betrugsdelikte – so fällt die Juister Kriminalstatistik für das Jahr 2020 aus. Und wenn man die letzten vierzig Jahre betrachtet, kommen leider auch zwei Tötungsdelikte dazu. Zwei furchtbar sinnlose, brutale Verbrechen, die Opfer waren ein kleines Mädchen und eine junge Frau, die sich darauf gefreut hatten, den Sommer auf ihrer Lieblingsinsel zu verbringen. Die Täter, es waren beide Male Saisonarbeiter, wurden glücklicherweise schnell gefasst. Das Medieninteresse war groß, das Durchbrechen eines Idylls wurde beklagt, eine heile Welt sei erschüttert. Bis dahin schien es vielen unvorstellbar, dass Juist je seine Unschuld verlieren könnte.

Dabei bringt gerade das Inselleben die menschlichen Extreme zum Vorschein, sowohl das Beste als auch das Schlechteste. Hier ist es zwecklos, sich zu verstellen, weil alle einander kennen, niemand unbemerkt entkommen kann und es kaum ungestörte Ecken gibt.

Vor vierhundert Jahren lagen Wohl und Weh der Gemeinde in den Händen des Inselvogts und des Geistlichen, der oftmals auch als Schulmeister wirkte. Sie reglementierten den Ausschank von Alkohol und den Handel mit Kaninchenfellen, waren zuständig für das jährliche Verlesen der Strandgutverordnung, welches von der Kanzel aus geschah – hochexplosive Themen in einer wenig zimperlichen Zeit. Amtspersonen kamen selten freiwillig nach Juist, meistens wurden sie wegen vermeintlichen Fehlverhaltens in der vorherigen Gemeinde strafversetzt, um auf diesem gottverlassenen Eiland die Gesetze des Fürstentums und der Bibel durchzusetzen. Aufmüpfigkeit lag den freien Friesen im Blut. Schon deren letzter Fürst Radbod hat der Legende nach die Taufe abgelehnt, weil er lieber mit den Seinen in der Hölle schmoren wollte, als sich mit Christen im Himmel zu langweilen.

»Die Inselbevölkerung ist ein allesamt böses Gesindel, zusammengekoppelt, um Böses zu tun!«, so begründete 1680 Pastor Hermann Jansen Cordes in einer Bittschrift an den Superintendenten seinen dringenden Wunsch um Versetzung. Sein Nachfolger Pastor Elias Tilen, dem Frömmigkeit und Treue bescheinigt wurden, bezeichnete sich selbst als einen »sieben Jahre auf Juist um der Wahrheit und Gerechtigkeit willen gehassten Prediger« und flehte den Fürsten an, ihn endlich aus diesem Amt zu entlassen. Das Abendmahl hatte er seinen Schäfchen bereits verwehrt, da er sie nicht für würdig befand, an den Tisch des Herrn zu treten. Als Tilen endlich gehen durfte, stand Aussage gegen Aussage: Er behauptete, um den ihm zustehenden Anteil an Strandungen betrogen worden zu sein, während die Gemeindemitglieder ihn der Unterschlagung desselben bezichtigten.

Ein besonderer Ort bedarf besonderer Regeln. Damals wie heute, da neben der strengen Lärmschutzverordnung auf Juist ebenfalls die umfangreichen Nationalpark-Gesetze zu befolgen sind, die Badezeiten, die strikte Leinenpflicht für Hunde, das Camping- und das Straßenverkaufsverbot, die Tourismus- und die Gästebeitragssatzung. Pro Sandkorn ein Paragraf, so scheint es.

Die Juister Sonderstellung in Sachen Ge- und Verbote lässt sich wunderbar an den Schildern ablesen, die es so nur an der deutschen Küste geben kann. Wo sonst wird man vor dem Betreten eines Hauses gemahnt, die Schuhe vom Teer zu reinigen? Oder haben Sie schon mal irgendwo in den Toilettenräumen eines Restaurants den Hinweis gelesen, das Waschen von Muscheln und Füßen sei zu unterlassen? Das auf Juist meistfotografierte Schild befindet sich jedoch direkt am Ortseingang und verkündet den Ankommenden, was von hier ab gilt: »Im Schritt frei«. Um Missverständnissen vorzubeugen, ist es inzwischen um ein Kutschen-Piktogramm erweitert worden.

Zu Pastor Tilens Zeit war Folgendes geregelt: »Wann Schiffe auf dem Strande verunglücken und das Gut geborgen wird, so dass es unter alle Eiländer vertheilet wird, so bekommt die Kirche auch davon zwei Theile und der Pastor zwei Theile. Wird aber am Strande etwas geborgen, so kommt solches denen, so es bergen, alleine zu und geben dem Pastor und dem Vogte jedem ein Theil davon.« Ob die Pastoren unter diesen Voraussetzungen wirklich für die armen Seelen auf hoher See gebetet haben? Oder eher, dass es die Schiffe – und vor allem die darauf gelagerten Schätze – noch ans Inselufer schaffen?

Die Erzählung »Strandgut« aus der Feder der Schriftstellerin Marie Morsbach-Hartstein (*1861), die einige Jahre auf Juist wohnte, thematisiert genau diesen Wettstreit der Emotionen: einerseits Mitgefühl für die in Seenot Geratenen, weil man ja selbst dem Blanken Hans ausgeliefert ist. Andererseits aber auch die Hoffnung auf eine lukrative Strandung, um den Hunger zu stillen und Holz für den Kamin oder den Bau eines eigenen Schiffes zu ergattern:

> Jans, mein Jung, dein Vater wird verdienen, er wird dir dereinst ein Schiff kaufen können. Jürgens Herz lacht um die Wette mit dem pfeifenden Sturm über ihm. Doch was ist das!?
>
> Jürgens Auge blickt starr auf eine Stelle dicht neben ihm. Vier weiße, blutleere Finger umklammern den Bord des Bootes. Ein blasses, junges Männerantlitz hebt sich dicht neben dem Wasser. Entsetzt starrt Jürgen dorthin. Seine Augen wei-

ten sich, seine Zähne beißen fest aufeinander. Ein schmerzhaftes Angstgefühl verwirrt ihm die Sinne. Vor den Augen flirren tausend Funken und funkelnd setzt sich ein Schiff zusammen, so schön und strahlend wie er es oft träumend im Wunsche für Jans gesehen. Schwer geht sein Atem.

Da lässt seine Linke das Ruder los, und mit unbezwinglicher Gewalt nähert sie sich leise den blutleeren, weißen Fingern – und löst sie.

Huah! Ich liebe solche Geschichten, die auf tiefsten Gewissensnöten basieren, in denen man die Täter zur gleichen Zeit versteht und verurteilt. In der Juist-Novelle »Tobias Breeden« von Luise Westkirch, die 1903 in der Sammlung »Geschichten von der Nordkante« erschien, hadert der Held mit Rachegelüsten am trunksüchtigen Mörder seines Bruders. In den 1930er-Jahren verfasste die aus einer Lehrer- und Pastorendynastie stammende Heimatkundlerin Sophie Fastenau (1872–1949) mit »Das Eiland der Bedrängten« eine auf der Pfarrchronik basierende Erzählung über die rauen Sitten zur Zeit der Napoleonischen Besetzung, als französische Soldaten das Juister Pfarrhaus in Brand steckten und in der Inselkirche Schießscharten installierten. Große Dramen liegen in der salzigen Luft.

Einer der ersten Spionageromane überhaupt, *The Riddle Of The Sands: A Record To Secret Service* (*Das Rätsel der Sandbank*), 1903 vom irischen Schriftsteller Robert Erskine Childers ersonnen, ist im Wattenmeer zwischen Memmert und Juist verortet und wurde bereits mehrfach verfilmt. Zwei Männer, ein Boot, ein undurchsichtiger Auftrag, der entweder der britischen Admiralität oder dem deutschen Militär in die Hände spielt. So beängstigend realitätsnah, dass nach Erscheinen des Romans sowohl Winston Churchill als auch die deutschen

Streitkräfte ihre Nordseegrenzen neu aufstellten und man die fiktive Handlung im Nachhinein als Prophezeiung des Ersten Weltkrieges deuten konnte.

Viele, viele Jahre später schrieb ich meinen ersten Roman, *Die Sanddornkönigin*, der auf Juist spielt, wo sonst. Fast mehr aus Versehen ein Regionalkrimi, wie man dieses Genre inzwischen getauft hat. Für mich war die Wahl des Schauplatzes eine eher unbewusste Entscheidung, die sowohl meiner Bequemlichkeit (da kenne ich mich aus und spare mir die aufwendige Recherche) als auch den tatsächlichen Gegebenheiten (da schreib ich doch einfach ein bisschen überspitzt von dem, was hier ohnehin passiert) entsprach.

Schon Agatha Christie nutzte für ihre Kriminalromane den Spannungseffekt, sperrige Charaktere in eigentlich attraktive, aber von der Außenwelt abgeschnittene Räume zu pferchen. Der Orient Express steckt in einer Schneewehe, das Kreuzfahrtschiff schwimmt auf dem Nil, das Flugzeug schwebt über den Wolken. Die Konflikte eskalieren, Messer, Pistolen, Gift und Stricke kommen zum Einsatz, und am Ende muss der Bösewicht alles gestehen, weil sämtliche Fluchtwege abgeschnitten sind. Juist bietet also die natürliche Kulisse für ein klassisches Kammerspiel; bei Ebbe, Nebel und starken Winden nimmt keiner so schnell Reißaus. Noch dazu diese nahezu unberührte Natur, vor der sich Blutstropfen, Gift und Galle besonders schön abheben.

Wen wundert es, dass sich in der kleinen Buchhandlung in der Friesenstraße die Juist-Krimis bis unter die Decke stapeln. Und auch gekauft werden wie geschnitten Krabbenbrot. Da liegen die Leichen am Strand, in den Dünen, im Hotelbett, fallen vom Himmel, versinken mitsamt Boot, stecken sogar in Teilen in einer Flaschenpost. Ermordet werden Einheimische, Saisonkräfte und Gäste gleichermaßen, oft geht es um Grundstücksspekulationen (zumindest vordergründig), es werden Banken ausgeraubt, Spione entlarvt und Umweltskandale aufgedeckt. Beinahe inflationär sind Bestsellerautoren in den Fall verwickelt, was mir persönlich ein bisschen zu denken gäbe, wären diese nicht durchweg männlich und lebten in ihren mit Tantiemen gekauften reetgedeckten Häusern im Dünental – damit kann ich nicht gemeint sein, dafür hat's bei mir noch nicht gereicht.

Wahrscheinlich wurde jede Insel von Aruba bis Zypern schon zum literarischen Tatort erklärt, doch Juist könnte den Rekord halten, wenn man die Opfer zwischen den Buchdeckeln in Relation zu tatsächlich (noch) auf der Insel Lebenden stellt.

Mitschuld daran trägt der Buchhändler Thomas Koch, der Jahr für Jahr dazu aufruft, auf der Insel kriminell zu werden. Begonnen hat alles eigentlich ganz harmlos im Jahr 2004, als Schnapsidee im wahrsten Sinne des Wortes. Oder war es von Anfang an ein Mordkomplott?

Damals hockten wir zusammen wie Komplizen, Thomas Koch und ich. Stilechter wäre gewesen, das Treffen hätte in einer verrauchten Kellerkneipe stattgefunden und wir wären von den anderen Kneipenbesuchern argwöhnisch beäugt worden. In Wahrheit aber saßen wir im gut belüfteten und belichteten Gastraum eines Hotels in Strandnähe, wo gerade eine unserer beliebten Krimi-Dinner-Lesungen stattfand. Thomas, dessen Eltern in den 1950er-Jahren die Buchhandlung Koch auf Juist gegründet hatten, schwelgte in Erinnerungen an Zeiten, als sich bei ihm zu Hause Schriftstellergrößen wie Hansjörg Martin, Peter Härtling, Walter Kempowski und Christine Brückner die Klinke in die Hand gaben. Sie wohnten in der Ferienwohnung der Familie Koch, nutzten die Zeit auf der Insel zum intensiven Schreiben und bedankten sich für die Gastfreundschaft mit Erwähnungen in den Büchern und Lesungen vor Ort. Ich bekam bei diesen Schilderungen glasige Augen, lechzte ich doch nach Gleichgesinnten, nach Austausch über Mordmethoden und Verlagsverträge. Zwei, drei alkoholische Getränke später fragten wir uns: Warum holen wir die Krimischreiberlinge nicht einfach auf die Insel? Locken sie mit der Aussicht auf zwei Wochen ungestörten Schreibens bei voller Kost und Logis? Als Gegenleistung halten die Schreibtischtäterinnen und -täter eine Lesung und erwähnen den Juist-Aufenthalt lobend in der Danksagung am Ende des entstandenen Buches. Wir holten noch die Kurverwaltung und einige Juister Hotel- und Gastronomiebetriebe mit ins Boot und benannten das Stipendium nach dem ersten Juist-Krimi der neueren Zeit *Tatort Töwerland* (geschrieben von Jan Zweyer). Nur wenige Tage nachdem wir die Pressemitteilung rausgegeben hatten, landeten die ersten begeisterten Bewerbungsschreiben im Briefkasten.

Seit der Gründung des Stipendiums waren schon mehr als fünfzig Krimischreibende auf Juist, und als logische Konsequenz veranstaltet Thomas Koch seit 2006 zusätzlich noch das kleine, aber feine »Tatort Töwerland«-Krimifestival. 2019 ehrte das »Syndikat« – das ist der Verein für deutschsprachige Kriminalliteratur – ihn für seine Verdienste mit der höchsten Auszeichnung, dem »Ehrenglauser«. Schöner, spannender und inspirierender hätten wir uns das damals beim Schnäpschen gar nicht ausdenken können.

Eine Nebenwirkung des Stipendiatenprogramms war vorher jedoch nicht absehbar. Sie ist der Grund, weswegen ich unterm Strich gar nicht so viel davon hatte. Oder anders als gedacht.

Als allererster Stipendiat kam nämlich im Dezember 2004 Jürgen Kehrer für zwei Wochen nach Juist. Ein »Schwergewicht der deutschen Krimiszene«, so titelten die Medien, denn er ist der Erfinder des Münsteraner Privatdetektivs Georg Wilsberg, der seit vielen Jahren zu den erfolgreichsten deutschen TV- und Roman-Krimi-Helden zählt. Für diesen Mann – so könnte man meinen – hat sich die Insel extra ins Zeug gelegt: In den ersten Tagen hüllte dichter Seenebel alles in mystische Schleier und im Ortskern wehte der Herbstwind schaurig durch die unheimliche Bauruine des damals frisch abgerissenen Hotels Bracht. Zum Schreiben hatten wir ihm – auch aus optischen Gründen, denn ein Filmteam war angereist – eine uralte Olympia-Schreibmaschine entstaubt, auf deren Tasten er telegen ein paar Zeilen tippen durfte.

Als Kollegin und Mit-Initiatorin des Programms musste ich dem Autor natürlich zur Seite stehen und ihn bei seinem Schreib-Abenteuer unterstützen. Sie ahnen es? Wir waren uns auf Anhieb sehr sympathisch. Es wurde mehr daraus und ein knappes Jahr später verließ ich die Insel, auf der sich nun die Krimikolleginnen und Krimikollegen tummeln.

Thomas Koch aber macht weiter. Jahr für Jahr. Mord für Mord. In dieser wunderbar heilen Inselwelt.

Sommer & Winter

Es gibt ein Ranking. Auch wenn das vor Ort wahrscheinlich niemand zugeben wird, schließlich wäre es ein bisschen peinlich, wenn herauskäme, dass die Menschen, die das Jahr über auf die Insel pilgern, von den Einheimischen in Kategorien eingeteilt werden.

Eins vorneweg: Die Schlimmsten, die sich die wenig schmeichelhafte Bezeichnung »Pfingstochsen« eingehandelt haben, kommen inzwischen nicht mehr.

Das mag zwei Gründe haben. Zum einen sind sie wohl einfach erwachsen geworden, denn es handelte sich um halbstarke Söhne und Töchter reicher Eltern aus dem Westfälischen, die sich irgendwann in den 1980ern das erste Mal zum lautstarken Feiern auf Juist verabredet und diese Treffen zu einem jahrelangen »Kult« erklärt haben. Einem Heuschreckenschwarm gleich belagerten sie die Insel und übertrumpften sich gegenseitig mit Solarienbräune, Sonnenbrillenmodellen und technischem Schnickschnack. Gern zitiere ich den blondgelockten Polohemdträger, der an einem Pfingstwochenende – es mag so Ende der 1990er gewesen sein – mit seinem sauteuren Mobiltelefon am Ohr mitten auf der Wilhelmstraße spazierte und laut »Kaufen, habe ich gesagt! Unbedingt kaufen!« in den damals noch sehr klobigen Hörer brüllte. Seine ihn umringenden Kommilitoninnen waren sichtlich beeindruckt. Wir hingegen schüttelten die Köpfe. Wir wussten schließlich, dass es zu diesem Zeitpunkt auf Juist noch gar kein funktionierendes Handy-Netz gab und der Möchtegern-Banker bestenfalls mit einem monotonen Rauschen korrespondierte.

Der zweite Grund für das Aussterben der Pfingstochsen wird gewesen sein, dass sie einfach keine Unterkunft mehr gefunden haben. Selten war sich die Inselgemeinschaft so einig wie in ihrer Meinung, dass man an diesen Feiertagen im Juni lieber Leerstand riskierte als Partys bis morgens um sechs und ominöse Flecken oder Schrammen an Tapete und Mobiliar. Hieß man als potenzieller Pfingstgast mit Vornamen Konstantin oder Charlotte und kam aus Münster, Paderborn oder Bielefeld, war es beinahe unmöglich, einen Mietvertrag zu unterschreiben. Selbst der billige Trick, dass Vati die Unterkunft anmietet und Junior anreist, wurde schnell durchschaut und mit einer entsprechenden Klausel in der Beherbergungsvereinbarung unmöglich gemacht.

Nun ist dieser Spuk also vorbei. Fürs Erste jedenfalls kommen nur noch ganz »normale« Menschen für das verlängerte Wochenende nach Juist. Doch wer weiß, ob nicht bald die nächste Generation herangewachsen ist und an Pfingsten dorthin reisen will, wo Papa Konstantin und Mama Charlotte sich damals bei der kultigsten Party des Jahres kennengelernt haben.

Der Juister Kalender besteht weniger aus Monaten als aus Saisons. Er ist farblich unterteilt in die blass pigmentierte Neben-, die mittelstark unterlegte Zwischen- und die knallige Hauptsaison. Entsprechend ändern sich die Preise für die Übernachtungen und den Kurbeitrag, und die Vielfalt des Angebots an Kultur und im Supermarkt variiert genau wie die Frequenz der Schiffsüberfahrten.

Über die ersten Gäste, die im neuen Jahr anreisen – die »Karnevalsflüchtlinge« im Februar und März –, lässt sich kaum etwas berichten, weil sie so unaufdringlich und genügsam sind. Sie trinken eher Früchtetee als Aperol Spritz, kaufen dicke Bücher und lesen sie auf dem Sofa der Ferienwohnung, kochen lieber selbst und spazieren kilometerlang den Strand entlang, und zwar egal wohin, Hauptsache, immer erst gegen den Wind. Ein bestimmtes Ziel haben sie ohnehin nicht, die Ausflugslokale sind meist noch geschlossen. Bloß kein »Helau« oder »Alaaf«, für die roten Nasen zeichnet sich ganz allein die Winterkälte verantwortlich.

Die Ankunft der Ostergäste sieben Wochen später fühlt sich dann an, als reiße man nach einer im Tiefschlaf verbrachten Nacht am Morgen die Fenster weit auf, um frische Luft hereinzulassen. Ein paar Tage vor Osterferienbeginn werden die Heizungen in den Quartieren wieder zum Laufen gebracht, die frisch gewaschenen Gardinen aufgehängt, die Blumenkästen an den Fenstern mit Narzissen, Hyazinthen und Krokussen bepflanzt und der Sand, der sich in den Monaten zuvor neben der Haustür gesammelt und zu einer Minidüne erhoben hat, landet auf dem Kehrblech. Der Fahrradvermieter hat die Ketten eingefettet. In den Boutiquen wird die neueste Kollektion aus dem Seidenpapier geschält und aufgebügelt. Bei der »Aktion Saubere Insel« füllen die Einheimischen Müllsäcke mit dem, was sich in der letzten Saison so Naturfremdes in Büschen, Gräben und Mulden angesammelt hat. Anschließend gibt es Bratwurst und Bier für alle, die mit angepackt haben.

Wenig später hört man die ersten Koffer über das Juister Straßenpflaster rollen. Willkommen, ihr lieben Gäste, endlich geht's wieder los. Wir sind gewappnet für den Blitzstart von null auf hundert.

Nach Ostern bricht die Zeit der Brückentage an. Erster Mai, Himmelfahrt, Pfingsten, Fronleichnam – die Belegungstabellen der Vermieter wirken wie mit Farbklecksen besprenkelt, denn die meisten Gäste bleiben nur für wenige Nächte. Glückskind, wer an diesen Wochenenden einen Platz im Restaurant ergattert, denn natürlich verspürt man bei einem solchen Kurzurlaub wenig Lust zum Kochen. Ein Vorteil für die Vermietbetriebe, so müssen sie trotz der vielen Gästewechsel weniger putzen, die Küchenreinigung dauert ja bekanntlich am längsten. Der Fahrradvermieter kann am ersten Morgen ein Schild raushängen, dass er zumacht, weil bis zur großen Abreise ein paar Tage später jeder noch so alte Drahtesel unterwegs ist. In den Boutiquen wird die neueste Kollektion wieder in Seidenpapier gewickelt und in Kartons gepackt, da man den Gästen den Einkauf nach Hause schickt, schließlich sind die Koffer der Brückentagereisenden nicht besonders groß. Natürlich gibt es auch wieder Bratwurst und Bier, wenn der Maibaum auf dem Kurplatz aufgestellt wird oder bei den zahlreichen Konzerten des Musikfestivals am Himmelfahrtswochenende.

Im Juli und August geben sich die verschiedenen Bundesländer die Klinke in die Hand. Die »Nordrhein-Vandalen« wollen sich immer von der ersten Sekunde an sofort bitte schön ganz besonders effektiv erholen. Die »Schwaben« zahlen denselben Preis nur, wenn er ihnen als Sparangebot unterbreitet wurde. Die Niedersachsen sind hyperaktiv und wollen dauernd Beachvolleyball spielen. Die Bayern verstehen nicht, warum man nicht schon längst Ebbe und Flut abgeschafft hat, das ist ja schon ziemlich unpraktisch, da müsste man doch einen Staudamm bauen können. Einmal hatten wir einen Österreicher bei uns zu Gast. Der wollte vor seiner Buchung lediglich wissen, ob es auf der Insel so aussieht wie in der Jever-Pilsener-Werbung. Als ich das guten Gewissens bejahte, ist er gleich zwei Wochen geblieben.

Zurück zum Bild des weit aufgerissenen Fensters zu Saisonbeginn: Im September wird es auf Kipp gestellt. Genug Durchzug, der Wirbel der Hauptsaison steckt jedem in den Knochen, eine latente Gereiztheit ist das erste Symptom. Jetzt sehnen sich die Insulanerinnen und Insulaner allmählich wieder nach Behaglichkeit. Die Herbstgäste machen es ihnen leicht, einen Gang runterzufahren, denn meist handelt es sich um Ruheständler und Rentnerinnen, die es nicht eilig haben, die bis um neun Uhr mit dem Frühstück fertig sind, sich an einer schlichten, warmen Mahlzeit am Mittag erfreuen und abends früh zu Bett gehen. Zwischen den Mahlzeiten sitzen sie auf den Bänken des Kurplatzes und halten ihre zufriedenen Gesichter in die letzten Sonnenstrahlen, die es zu erhaschen gibt. Gäbe es noch silberne oder goldene Anstecknadeln für langjährige Stammgäste, diese würden im Herbst stolz zur Schau getragen werden.

Ja, es gibt eine Typologie der Nordseegäste. Sicherlich klischeebeladen, aber Erfahrungswerten geschuldet. Jeder kriegt sein Fett weg. Und alle sind herzlich willkommen.

Insbesondere die Silvestergäste. Das sind die mit den dicken Koffern.

Ölzeug muss nämlich auf jeden Fall in die Reisetasche, wenn man am 28. oder 29. Dezember Richtung Nordsee fährt. Ein knallgelber Südwester dazu. Feste Handschuhe aus wasserabweisendem Material. Ein Schal mit guter Wolle, den man mindestens dreimal um den Hals wickeln kann. Grobes Profil unter den Sohlen. Fleece! Unbedingt Fleece! Nicht zu vergessen ein Flachmann, der in die Innentasche passt, gefüllt mit Rum, vierzigprozentig, auf dem Etikett sollte mindestens ein Pirat abgebildet sein.

Winterkoffer sind praller als die, die im Sommer gepackt werden. Obwohl Silvestergäste bloß vier oder fünf Nächte auf der Insel zu bleiben gedenken, haben sie mehr Kram dabei als für zwei lange Wochen im August. Denn zwischen den Strickpullovern, den Nierenwärmern und langen Unterhosen verstauen sie auch die Erwartung auf richtig ungemütliches Wetter. Silvestergäste wünschen sich Windstärken im zweistelligen Bereich, denn dann kann man sich gegen den Sturm lehnen und witzige Videos drehen. Oder später berichten, dass der Südwester vom Kopf geweht ist, zack, weg war das Teil, so schnell konnte man gar nicht hinterherlaufen. Dazu werden vielleicht spektakuläre Dünenabbrüche in der Nähe des Hammersees geboten, freigelegtes Wurzelwerk taugt wunderbar als Fotomotiv.

Und wenn sie ganz unbescheiden sind, hätten die Silvestergäste auch gern mal einen gestrandeten Wal vor der Linse – wenn der bereits stinkt, lieber etwas weiter draußen im Westen, denn die Ausdünstungen eines verendeten Meeressäugers sind einfach unbeschreiblich. Doch auch ohne diesen Geruch verleihen Selfies vor den Rippenbögen von Moby Dicks Bruder eine exotische Aura. Da kann der Freundeskreis, den es zum Skifahren ins Kleinwalsertal getrieben hat, einpacken.

Am Rand der Welt gibt es keine Galaabende mit sieben Gängen, sondern nur einen Gang am Nachmittag. Und der geht am Strand entlang. Hier trinkt man Bier aus Flaschen statt Champagner, singt im Silvestergottesdienst in der Inselkirche alte

Seefahrer-Choräle, statt sich von einem DJ mit einem Helene-Fischer-Medley in Stimmung bringen zu lassen. Es kreisen zum Jahreswechsel keine Pferdekutschenkorsos um den Kurplatz.

Um Mitternacht stehen die Silvestergäste oben auf der höchsten Düne neben dem Wasserturm und schauen Richtung Festland, wo Signalraketen den Himmel in rotes Licht tauchen. Die gehören zur Pflichtausrüstung eines jeden Segelbootes, und bevor deren Mindesthaltbarkeit mit dem scheidenden Jahr abgelaufen ist, werden sie noch schnell abgefeuert.

Klar, auf Juist gibt es auch Böller. Es gibt ja auch uns Einheimische. Und die finden es toll, wenn es knallt und blitzt und stinkt. Inselmenschen sind auch nur Menschen.

Kernige Silvestergäste gehen jedoch lieber an den Strand, schauen nach oben und beteuern, dass man hier die Sterne viel deutlicher sehen kann, weil keine künstliche Illumination deren Licht beeinträchtigt. Zwischen den Sternbildern Großer Wagen und Kassiopeia funkelt der Polarstern, der hellste von allen. Er weist exakt gen Norden und scheint zum Greifen nah. Am nächtlichen Strand wird man eingenordet, ganz ohne GPS. Ein gutes Gefühl zu wissen, wo man steht, insbesondere zum Ende des Jahres.

Überhaupt wird hier einiges klarer. Eine Stunde Strandspaziergang im Dezember, und der Kopf ist restlos freigepustet. Die Lunge auch, Brandungsaerosole füllen den Körper mit frischer Energie. Der kalte Wind, der einem ins Gesicht schlägt, reibt sich auf der Haut, Salzkristalle und fliegender Sand schmirgeln sie glatt wie ein teures Peeling. Da können noch so viele Jahre ins Land gehen, hier fühlt man sich für immer jung. Und grenzenlos frei.

Bis zu einem bestimmten Punkt jedenfalls. Bis zum Neujahrstag nämlich, wenn die zermatschten und anschließend gefrorenen Böller der Inselbevölkerung zwischen den sich im selben Aggregatzustand befindlichen Pferdeäpfeln liegen, da kippt die Stimmung. Denn immer am Neujahrstag schlägt der Wind um. Dreht auf Ost. Und dort bleibt er dann auch eine ganze Weile.

Warum das so ist, sollte wirklich mal erforscht werden. Wetterkundige aller Welt, vergesst El Niño, schaut lieber mal am ersten Januar Richtung Nordsee und erklärt der Menschheit, warum an genau diesem Tag stets eine stabile Ostwindlage herrscht.

Im Grunde ist Ostwind ja überhaupt nichts Schlimmes, im Gegenteil: Der Himmel wölbt sich beinahe unnatürlich blau über dem Meer, die hellweißen Sonnenstrahlen sorgen für Farben, die aussehen, als seien sie mit Photoshop nachbearbeitet worden. Und bei Ostwind lassen sich am Spülsaum besonders viele Bernsteine zwischen den Muscheln finden, braunorange leuchtet ihr versteinertes Harz im Sand, es lohnt sich also, auf Schatzsuche zu gehen.

Doch für die Insel hat das Hochdruckgebiet weitreichende Folgen: Der Wind drückt das Wasser seewärts, die Flut läuft nur noch spärlich auf, das Meer verschwindet. Minusgrade lassen das wenige Wasser zu dünnen, porösen Eisschollen gefrieren. Kapitäne an der Nordseeküste wissen jetzt Bescheid: Demnächst steht Zwangsurlaub an. Nur ein, zwei Tage später liegt das Watt wie eine kristalline Wüste zwischen Juist und dem Festland, und die Fahrrinne der Schiffe wird unpassierbar. Nichts geht mehr. Die Silvestergäste müssen bleiben, wo sie sind. Werden sozusagen festgefroren am Rand der Welt.

Da mag zu Hause die Firma warten, die Schule wieder losgehen, der Briefkasten überquellen – man ist auf Juist und bleibt dort.

»Keine Chance, wir kommen nicht mehr von der Insel runter«, schreiben die Inselgäste dann an die Daheimgebliebenen. Und würden am liebsten beeindruckende Bilder schicken von dieser Naturgewalt, der sie so plötzlich ausgeliefert sind. Doch leider sieht alles furchtbar harmlos aus: Eine glatte See, in der sich Vogelschwärme spiegeln, wirkt wenig bedrohlich. Das Gegenteil von Sturmflut quasi. Und doch so mächtig.

Fliegen Menschen nicht bis zum Mond, demnächst sogar zum Mars? Dann kann doch so ein bisschen Niedrigwasser und Eisgang kein unüberwindbares Problem darstellen. »Juist hat doch einen Flugplatz«, wissen die Lieben zu Hause. »In fünf Minuten ist man in Norddeich, ein kleiner Hüpfer mit der Propellermaschine, und du bist frei.«

Als ob das so einfach wäre. Natürlich gib es die Inselflieger. Und deren Betreiber reiben sich selbstverständlich im Januar die Hände, weil schon in den ersten Tagen der beste Umsatz des Jahres eingefahren (besser: eingeflogen) wird. Sie sind fleißig, alle Maschinen starten und landen im Zwanzig-Minuten-Takt, vollbesetzt Richtung Festland. Am Himmel über Juist brummt es gewaltig. Trotzdem ist das nicht die erhoffte Lösung. Denn mehr als neun Passagiere finden in einer Britten Norman Islander BN-2B20 nun mal keinen Platz, von den bereits erwähnten sehr großen Koffern, die die Silvestergäste wieder mit zurücknehmen wollen, ganz zu schweigen. Zudem wird es um diese Jahreszeit spät hell und früh dunkel. Bestenfalls 400 Leute bekommt man in diesen kurzen Tagen über das Watt transportiert, selbst wenn zehnmal so viele Menschen ungeduldig auf ihre Evakuierung warten.

Am kleinen Flugplatz, der ganz im Osten der Insel malerisch zwischen Dünen und Hellerwiesen liegt, spielen sich unschöne Szenen ab. Da wird mit Geldscheinen gewedelt, doch friesische Piloten sind natürlich erfreulich stur und absolut unbestechlich. (Denn mal ehrlich, wenn es ihnen ums Geld ginge, hätten sie sich womöglich einen anderen Job gesucht. Wer wird schon Pilot, um tagein-tagaus von Norddeich nach Juist zu hüpfen, ganz ohne Stewardessen und Weltenbummlerallüren?) Da werden akute Krankheiten simuliert (sehr beliebt: Herzrhythmusstörungen durch den abrupten Wetterumschwung) und einige Großmütter (oder Schwiegermütter, Hunde, Wellensittiche) als plötzlich verstorben deklariert. Es nützt nichts. Die Fluggesellschaft hat eine akribische Warteliste angelegt, und wer da ganz hinten steht, muss mitunter zehn Tage Inselaufenthalt dranhängen.

Da verpufft das Gefühl von Freiheit und plötzlich wirkt die Insel schrecklich klein. Ein Alcatraz in der Nordsee. Der Deich eine Mauer, die Dünen Grenzgebiet. Kein Entkommen, nirgendwo. Es ist nicht zum Aushalten.

Der kleine Supermarkt an der Ecke, der den Silvestergästen am 29. Dezember noch urig erschien – »Was soll's, das Nötigste haben sie, und mehr brauchen wir nicht hier auf der Insel« –, offenbart am 3. Januar plötzlich sein wahres Gesicht: »Kein Fleisch! Kein Gemüse! Keine Frischmilch!« Ja, wie denn auch, wenn der Frachter mit den Lebensmitteln ebenfalls nicht übers Watt kommt.

Halb so wild, man kann ja immer noch ins Restaurant gehen. Klar, aber man sollte ziemlich früh da sein, um einen Platz zu ergattern, denn die allermeisten Gastronomiebetriebe schließen spätestens am 4. Januar ihre Pforten. »Betriebsferien. Wir freuen uns, Ostern wieder für Sie da zu sein!« Nein, die Wirtsleute sind nicht unflexibel oder unfreundlich zu notleidenden Gästen. Sie sind einfach geschäftstüchtig und haben ihre Speisekammern bloß für die Feiertage gefüllt. Die Scampis sind aus. Der Rucola auch. Frische Nordseescholle? Im Winter? Soll das ein Scherz sein?

Plan B, dann eben im Kino das Hungergefühl mit Popcorn und Eiskonfekt zu stillen, ist auch nicht bis ins letzte Detail durchdacht. Denn die Insellichtspiele verdunkeln sich am 5. Januar, keine Filme bis Ende März. Wer glaubt denn ernsthaft, dass hier auch im Winter immer die neuesten Blockbuster gezeigt werden?

Das, was die Silvestergäste zwischen den Jahren erleben, ist sozusagen Inselwinter light. Der Frische-Waffeln-und-Sanddorngrog-Winter. Der Insulaner-singen-in-Seemannshemden-Shanty-vor-dem-Rathaus-Winter. Im echten Inselwinter werden die Pferdeäpfel nicht vor Sonnenaufgang von den Straßen gefegt, da gibt es keinen Super-Relax-Tag im TöwerVital, auch kein Kabarett im Haus des Kurgastes. Noch nicht einmal der Gospelchor tritt auf.

Als Unterhaltungsprogramm könnten die hängen gebliebenen Silvestergäste sich nun beispielsweise ein paar Stunden lang eine Baustelle anschauen, die gibt es hier nur außerhalb der Saison, wenn man mal ein bisschen Krach machen darf. Betonmischer, Rüttelmaschine, Flex und Abrisshammer bestimmen den Soundtrack der kalten Monate. Als Geheimtipp lohnt es sich, eine Ratssitzung zu besuchen, wenn dort die Sanierung der öffentlichen Strandtoiletten besprochen wird. Oder eine Mitgliederversammlung des Segelclubs, wo man traditionell über die Verschlickung des Hafenbeckens streitet.

Wer gegen seinen Willen am Rand der Welt festgefroren ist, muss dafür natürlich auch zahlen. Das muss den Silvestergästen klar sein, schon bei der Anreise: »Sollten Sie wegen höherer Gewalt die Insel nicht verlassen können, so sind die daraus resultierenden Übernachtungen zu bezahlen.« Aber wer denkt bei »höherer Gewalt« an eine Schönwetterfront? An öde Tage auf einer Sandbank, die beinahe in Rufweite zum Festland liegt?

Womöglich ist das alles schrecklich frustrierend für die Silvestergäste. Langeweile und Stillstand, ohne dass man dagegen auch nur das Geringste unternehmen könnte. Ärger mit den Vorgesetzten, weil man nicht pünktlich zurück sein wird und unbezahlten Urlaub nehmen muss. Spott von den Daheimgebliebenen, weil man ja anscheinend nicht nur am Rand, sondern vielleicht auch am Arsch der Welt gelandet ist. Die kommen nie wieder hierher, denkt man da vielleicht. Die sind für immer kuriert. Die fahren im nächsten Jahr im Kleinwalsertal Ski.

Aber falsch gedacht: Silvestergäste sind seltsamerweise treu. Sie werden noch vor ihrer Abreise – sollte sie denn endlich erfolgen – schon für den kommenden Jahreswechsel buchen, jede Wette. Sie werden wieder die Koffer randvoll packen mit Dingen, die man eigentlich nicht braucht. Werden erneut hoffen auf den Sturm, der selbstredend ausbleibt. Werden auf der Insel die Freiheit suchen und in ihre Grenzen verwiesen. Werden Abenteuer erwarten und sich enorm langweilen.

Es ist schon seltsam mit den Silvestergästen. Die Insel heißt sie trotzdem willkommen. Ganz besonders sogar.

Arbeit & Urlaub

Sommer 1984

Olympische Spiele in Los Angeles, Giorgio Moroder komponierte die offizielle Hymne »Reach Out«: »Greif zu! Jetzt ist die Zeit gekommen, du stehst am Beginn einer großen Geschichte. Also lass die Spiele beginnen, der Beste wird gewinnen, gib alles, damit die ganze Welt es sieht!«

Ich war dreizehn und fühlte mich von den Zeilen persönlich angesprochen und beflügelt: Denn während Jürgen Hingsen in LA Silber im Zehnkampf holte und Ulrike Meyfahrt Gold ersprang, stand ich allmorgendlich in der Souterrainküche einer Frühstückspension an der Spülmaschine. Hebel hoch, sauberes Geschirr raus, schmutziges Geschirr rein, Hebel runter. Mein erster Ferienjob! Völlig amerikanisiert durch die Sportberichte aus Kalifornien war mir klar, dass mir als Tellerwäscherin fortan sämtliche Türen offen stehen würden. Und so träumte ich mich, während ich dotterverschmierte Schalen aus den Eierbechern klaubte und Brötchenkrümel, Käserinde, Wurstpelle und Tomatenstrünke in den Abfalleimer warf, in die unbegrenzten Möglichkeiten hinein. Oben, so stellte ich mir vor, saßen die Hausgäste an ihren Tischen und redeten über sportliche Erfolge der deutschen Fechter in Übersee. Unten trocknete ich eine ganze Sierra Nevada aus Untertassen ab und polierte die Orangensaftgläser auf Medaillenniveau. Im Küchenradio liefen in diesem Sommer neben der Olympia-Hymne noch die beiden unterschiedlichen Versionen von »Self Control«, und ich stritt mit dem Sohn der Pensionsbesitzerin, welche die bessere war. Ich war für den lässigen Raf, er für die kitschige Laura Branigan, aber vielleicht hat er das auch nur behauptet, weil er sich gern mit der Spülhilfe seiner Mutter stritt. Es machte mir nichts aus, dass er im Schlafanzug am großen Küchentisch gemütlich frühstückte, während ich seit acht Uhr meinen Dienst tat. Denn ich war stolz. Ich war ein kleiner Teil in einem System, welches den Juist-Gästen den Eindruck vermittelte, fern von jeglichem Alltag, von monotoner Arbeit und Käserinden in Mülleimern zu sein. Weil ich diesen Part des Lebens eine Weile für sie erledigte – und dabei hübsch unsichtbar blieb.

Am Ende der Sommerferien bestellte ich mir von dem sauer verdienten Geld beim Quelle-Versand eine kirschrote Kompaktanlage mit doppeltem Kassettendeck und die LP von Alphaville. »Forever Young«.

So many adventures given up today
So many songs we forgot to play
So many dreams swinging out of the blue
Oh let it come true

Sommer 1990

Und wieder ein großes Sportfest, welches die Nation – neben der Wiedervereinigung – in Atem hielt, dieses Mal Fußball, dieses Mal in Italien, aber wieder komponierte Giorgio Moroder den dazugehörigen Soundtrack, gesungen von Gianna Nannini und Edoardo Bennato: »Un' estate italiana«. Ein italienischer Sommer.

Und wo arbeitete ich? Im Ristorante Il Castello in der Strandburg, das gerade frisch eröffnet hatte. Es war mein Abitur-Sommer, also jene Zeit, in der man sicher ist, den Höhepunkt an Lebensfreude erreicht und das Wissen der Welt gepachtet zu haben. Ein Selbstbewusstsein, an dem ich mich während des vierwöchigen Ferienjobs zwischen Antipasti-Buffet und Zabaione gründlich verschluckte.

Das Il Castello war neben der eher rustikalen Pizzeria Mamma Mia das zweite italienische Restaurant auf der Insel und eher für den gehobeneren Gaumen gedacht. Fieberhaft schufteten wir auf die Eröffnung hin, die mit dem Beginn der großen Ferien zusammenfiel. Teller aus Kartons packen und in die Regale sortieren, Gläser polieren (das hatte ich ja schon bei meinem ersten Ferienjob gelernt), Speisekarten in Plastikfolien stecken, Lampenschirme anbringen, Bilder aufhängen ... Und das alles, während draußen vor der Tür bereits die ersten hungrigen Gäste fragten, wann es endlich losgehen würde. Dabei sollte man ein Restaurant besser nicht am Eröffnungstag besuchen, noch nicht einmal während der ersten Woche. Es sei denn, man findet Gefallen an ewigen Wartezeiten und Servicekräften kurz vor dem Nervenzusammenbruch.

Im Il Castello beschimpfte der Chefkoch den Chefkellner, der Chefkellner bedrohte den Barkeeper, und der Barkeeper ließ seine Wut wiederum am Chefkoch aus. Jedenfalls so ungefähr, denn ich verstand kein Wort Italienisch, war sogar zu diesem Zeitpunkt noch nie in Italien gewesen. Und mit meinem friesenblonden Haar sah ich auch überhaupt nicht so aus, als hätte ich Wurzeln jenseits der Alpen.

Dennoch wurde ich ständig auf Italienisch angesprochen. Von den Gästen, wohlgemerkt. Es war die große Zeit des Restaurant-Italienisch. Familienväter aus Nordrhein-Westfalen riefen laut *»Signorina per favore!«* und gestikulierten, wie sie es sich in der Reklame für Fertigpizza abgeschaut hatten: die Hand gekrümmt, die Finger nach oben aufgerichtet, im Silbentakt der Bestellung dirigierend: *»Vitello Tonnato!«* Oder *»Tagliatelle al Salmone«*, um dann noch ein authenisch dreckiges *»Eh!«* hinterherzuraunen. Mir wäre es deutlich lieber gewesen, sie hätten einfach nur auf Hochdeutsch die Bestellnummer genannt. Oder ich hätte im Hafenrestaurant gekellnert, wo es Labskaus gab, Matjes und Bier mit Korn. Dort bestellte derselbe Familienvater aus Nordrhein-Westfalen dann wahrscheinlich auf Restaurant-Plattdeutsch: *»Moin, mien Deern. Wi mutten seen, dat wi de Buddel up de Tafel kriegen.«* Das hätte ich verstanden. Selten habe ich mich so popelig gefühlt wie in diesem »italienischen Sommer« nach meinem Abi-Höhenflug.

»Signorina, ho fame! Presto! Presto!« Wie denn? Ich durfte weder Bestellungen annehmen noch servieren, sondern war lediglich für das Abräumen und Abwischen der Tische und das Verteilen der Speisekarten zuständig. Und dafür, den Wartenden draußen auf der Straße zu erklären, dass man keine Tische reservieren konnte, wirklich nicht, beim besten Willen nicht, nein, weil wir ohnehin immer komplett ausgebucht waren und die Gäste sich auch ohne Reservierungen schon fast gegenseitig von den Plätzen schubsten.

Als es im Il Castello dann nach vier Wochen Testphase endlich rundlief wie der knusprige Rand der Pizza *Quattro Stagioni – Eh!*, war meine Zeit im mediterran anmutenden Juist vorbei. Und als unsere Jungs das WM-Endspiel in Rom gewannen, tapezierte ich bereits mit meinem damaligen Freund die erste gemeinsame Wohnung in Hannover. Wir bestellten uns zur Feier eine große Pizza. Die Nr. 14, mit extra Käse bitte.

Notti magiche inseguendo un goal
Sotto il cielo di un'estate italiana
E negli occhi tuoi voglia di vincere
Un'estate, un'avventura in più

Übrigens, mein Mann spricht tatsächlich Italienisch. Wenn er in der Pizzeria bestellt, sterbe ich noch heute tausend Tode. Das Trauma sitzt tief.

Sommer 1992

Immerhin. Von der Tellerwäscherin zur Stewardess hatte ich es inzwischen geschafft. Zwar reiste ich nicht im Flieger rund um die Welt, sondern schipperte stattdessen auf der *Frisia VI* über das ostfriesische Wattenmeer. Aber immerhin im passenden Stewardessen-Look: hellblaue Bluse zu dunkelblauem Rock.

Die *Frisia VI* hatte ihren Liegeplatz auf Juist und fuhr einmal am Tag nach Norddeich Mole und wieder zurück. Das ständige Pendeln spiegelte meine damalige Gefühlslage: Meine Ausbildung zur Schauwerbegestalterin hatte ich gerade abgeschlossen, ebenso die Beziehung zu meinem langjährigen Freund, mit dem ich beim WM-Sieg in Hannover Pizza bestellt hatte. Etwas orientierungslos hing ich zwischen dem, was gewesen war, und dem, was noch auf mich wartete. Die tägliche Überfahrt zwischen Juist und dem Festland barg entsprechend Symbolcharakter. Wenn ich bei der Arbeit aus dem Fenster schaute, zogen Untiefen und Stromschnellen an mir vorbei, deren unstete Existenz mich darin bestärkte, dass keine Entscheidung, die ich heute traf, zwangsläufig für immer sein musste. Nur, dass ich niemals, wirklich niemals wieder ganz auf Juist leben wollte, stand felsenfest.

Wir Stewardessen begannen unsere Arbeit in dem Moment, in dem die Fähre ablegte, gingen von Tisch zu Tisch, notierten die Bestellungen auf Zettel, verteilten die gewünschten Speisen und Getränke wenig später – und zwar möglichst außerhalb der fünf Minuten zwischen Juist und Norderney, wo es mitunter ganz schön schaukelt. Spätestens beim Anlegen im Hafen waren alle Tische wieder abkassiert, abgeräumt und abgewischt. Es gab kein ungeordnetes Kommen und Gehen, kein überlanges Verweilen wie in normalen Restaurants, weil man gerade so nett zusammensitzt. Wir begleiteten die Fahrgäste lediglich durch die neunzigminütige Schleuse zwischen zwei Welten, zwischen Alltag und Urlaub.

Erstaunlich war der Unterschied zwischen An- und Abreise. Als säßen völlig unterschiedliche Spezies an Bord. Auf der Fahrt von Norddeich nach Juist beschwerten sich gleichermaßen abgekämpfte wie aufgedrehte Festländer über die überteuerte Speisekarte. Neben dem obligatorischen Kartoffelsalat mit Würstchen hatten wir auch so abartige Spezialitäten wie Schweinekopfsülze mit Remoulade im Angebot, die jedoch dermaßen selten gewünscht wurden, dass wir aus Freude über die Abwechslung vor dem Servieren kleine Kunstwerke aus Remoulade zauberten, an denen Joseph Beuys seine helle Freude gehabt hätte. Die Anreisenden wähnten sich in ständiger Gefahr, ausgenommen zu werden. Oder unterzugehen. Bei jeder Meldung von der Brücke zuckten die Passagiere erst einmal schreckhaft zusammen und dachten an die *Titanic*, auch wenn der Kapitän dann bloß wieder seinen altbewährten Witz erzählte, nach dem die kleinen Birkenbäumchen rechts und links des Fahrwassers den Seehunden zum Beinchenheben dienten. Die Rettungswesten wurden also nicht gebraucht. Schade eigentlich, dass wir Stewardessen nie eine Sicherheitseinweisung geben durften wie die Kolleginnen der Lüfte, das hätte uns einen Heidenspaß gemacht. »Im Falle, dass wir auf eine Sandbank auflaufen, krempeln Sie bitte die Hosenbeine hoch, damit der Stoff nicht nass wird, wenn Sie zu Fuß weitergehen.« Dafür, dass uns dieser Spaß verwehrt wurde, entschädigten uns die Fragen manch hektischer Passagiere, wie etwa: »Entschuldigung, Fräulein, kann ich den Kinderwagen da im Salon stehen lassen, oder wird der während der Fahrt abgekoppelt?«

Gern erinnere ich mich auch an den folgenden Dialog mit einer betagten, allein reisenden Dame (man muss ihn laut lesen, um die Pointe zu verstehen):

Dame: »Fräulein, was ist denn das da auf der Karte: Eine Portion Wernsing?«

Ich: »Wernsing, das ist unser Kartoffelsalat.«

Dame: »Wie, Ihr Kartoffelsalat heißt Wernsing?«

Ich: »Das ist die Firma.«

Dame: »Vier mal Kartoffelsalat? Also, das ist mir zu viel.«

War der Urlaub dann vierzehn Tage später zu Ende und die Reise führte wieder zurück zum Festland, fanden die Fahrgäste unser Speiseangebot völlig in Ordnung und die Preise günstig. Tiefenentspannt orderten sie selbst bei hohem Seegang eine große Flasche Sekt, um nach dem ersten Glas zu realisieren, dass sie ja gleich wieder hinter dem Steuer eines Autos sitzen würden. »Ups! Ganz vergessen. Ach, dann nehmen Sie doch die restliche Flasche, Fräulein. Trinken Sie nach Feierabend auf unser Wohl, ja?«

Und das taten wir. Nie habe ich den Feierabend so zelebriert wie in meiner Zeit auf der *Frisia VI*. Doch erst musste noch verholt werden, das heißt: Die Seeleute bewegen das Schiff an seine endgültige Liegeposition, sichern es mit Leinen und Fendern, schieben den schmalen Steg für den Landgang an den Kai und vergessen nicht, das Netz darunter aufzuspannen, damit niemand beim Verlassen oder Betreten des Schiffes zwischen Bug und Spundwand plumpst. Zu guter Letzt wird dann die Elektrizität noch auf Landversorgung umgestellt. In dieser Sekunde schwiegen unsere Staubsauger, mit denen wir Stewardessen zwischen den Sitzreihen unterwegs waren, ganz kurz und wir wussten: Jetzt sind wir wirklich angekommen. Gleich wird's gemütlich.

Wir arbeiteten ja nicht nur auf dem Schiff, sondern lebten auch dort. Der obere Salon war unser Wohnzimmer und unsere Kojen befanden sich unter Deck. Wir Servicekräfte teilten uns zu zweit eine Innenkabine, während es bei der Schiffsbesatzung vom Muster der Uniformärmel abhing, ob sie im Doppelstock- oder Einzelbett mit oder ohne Fenster nächtigten. Kapitän (vier goldene Streifen), Steuermann (drei goldene Streifen und ein Sternchen) und Maschinist (drei goldene Streifen und ein Zahnradkranz) hatten etwas mehr Platz als die Matrosen. Dusche und Toilette teilten wir uns alle gemeinsam, und für die meist deftigen Mahlzeiten war der Smutje zuständig.

Unsere fröhlich-maritime Wohngemeinschaft warf bei gutem Wetter in der Eingangshalle den Grill an und war sich nicht zu fein, bei Sommerhitze im Hafenbecken schwimmen zu gehen. Wir liebten unsere wunderbare *Frisia VI* mit ihren knallblau-orange gemusterten Sitzbänken und der dunkelbraunen Holzimitatwand, hinter der sich unser Fernseher befand. Fast familiär ging es zu, und wir wussten, welcher Matrose gerade den Landgang fürchtete, weil ihm zu Hause die eifersüchtige Ehefrau (nicht ganz zu Unrecht) die Hölle heißmachte. Wir litten mit der Kollegin, die heftig in einen Steward der *Frisia II* verliebt war, des Schwesternschiffs, das die Strecke zwischen Juist und Norddeich zur selben Zeit wie wir, jedoch in umgekehrter Richtung befuhr. Weshalb sich die beiden akut Liebenden immer nur kurz zuwinken konnten, wenn sich die Fähren auf ihrer Reise durchs Wattenmeer für einen Augenblick begegneten. Wenn dann am nächsten Tag, eine Dreiviertelstunde vor Abfahrt des Schiffes, fremde Menschen in unseren Gemächern auftauchten, wollten wir fast fragen: Was habt ihr denn hier verloren?

1992 war vielleicht das, was ich als den »Sommer meines Lebens« bezeichnen würde. An dessen Ende lernte ich meinen ersten Ehemann kennen. Und tat ihm zuliebe genau das, was ich zu Saisonbeginn für meine Zukunft rigoros ausgeschlossen hatte: Ich zog zurück nach Juist.

Ach, und der Hit dieses Sommers war übrigens »It's My Life« von Dr. Alban.

Take a trip to east and west
You find that you don't know anything

Auch wenn es nach meinem Job als Tellerwäscherin steil bergauf ging und ich neben meinen Tätigkeiten als Kellnerin und Stewardess noch Erfahrungen im Fußpflegesalon und an der Supermarktkasse sammelte – Millionärin bin ich bis heute nicht.

Dafür reich an Erfahrung, Menschenkenntnis und Stoff für Partygespräche. Denn arbeiten, wo andere Urlaub machen – das bedeutet im Umkehrschluss, dass andere Urlaub machen, wo man selbst arbeiten muss. Da sind Missverständnisse vorprogrammiert und führen zu skurrilen Situationen. Und werden dann jahrelang als amüsante Anekdote weitererzählt. Ein Beispiel gefällig?

Spät am Abend klingelt das Notfalltelefon der Inselärztin. »Ich habe eine Bindehautentzündung«, klagt der Gast.

Die Ärztin seufzt. »Seit wann?«

»Schon seit drei Tagen.«

»Und warum sind Sie dann nicht in meine Sprechstunde gekommen? Die ist täglich von neun bis zwölf und von vierzehn bis sechzehn Uhr.«

»Haben Sie heute mal aus dem Fenster geschaut?«, fragt der Gast ungläubig. »Schönstes Wetter. Da gehe ich natürlich an den Strand.«

Sommer 1996–2005

Irgendwann war ich dann Ferienwohnungsvermieterin. Ein Job ohne Ruhetag und Feierabend, zumindest wenn man im selben Haus wohnt wie die Gäste. Das bedeutet: gelassen lächeln, wenn der Gast aus Wohnung »Steuerbord« kurz vor Mitternacht an unsere Privatwohnungstür klopft, um zu demonstrieren, dass in seiner Multivitaminsaftflasche ein komisches schwarzes Teilchen schwimmt. Oder richtig streng werden, wenn die Mieter der Wohnung »Backbord« ihre Schlüssel verloren haben und in den Morgenstunden betrunken versuchen, sich über den Balkon Zutritt zu verschaffen. Oder darüber hinwegsehen, dass der Geldschein, mit dem bei Abreise bezahlt wird, zuvor zusammengerollt neben zwei weißen Pulverlinien auf dem Wohnzimmertisch gelegen hat. Zugegeben, bei manchen Gästen ist man froh, wenn sie abreisen. Weil sie täglich zweimal frische Handtücher haben wollen oder sich so laut streiten (oder lieben), dass alle im Haus etwas davon haben. Doch mit vielen fühlt man sich nach den gemeinsamen Tagen freundschaftlich verbunden, schreibt sich Weihnachtskarten, interessiert sich, was die Kinder außerhalb der Ferien so treiben, und reserviert die Unterkunft mitunter schon zwei Jahre im Voraus.

In erster Linie bedeutet das Ferienwohnungsvermieterinnenleben aber eins: Man muss putzen! Und zwar richtig! Und vor allem: Überall!

Die Mimi

Auf Juist herrscht ein reges Kommen und Gehen: Blasse, ausgepumpte Festländer werden begrüßt und Tage oder Wochen später wie neugeboren verabschiedet. Was zwischen An- und Abreise passiert ist? Das Kohlenmonoxid wurde vom frischen Nordseewind aus den Gästelungen geblasen, die Seele richtig durchgelüftet und vom grauen Alltagsstaub befreit. Was zwischen Ab- und Anreise passiert, kennt nun wiederum jede Juisterin und jeder Juister: der Wohnungs- bzw. Zimmerputz, in besonders hektischen Zeiten auch »fliegender Wechsel« genannt. Will heißen, die Betten sind noch warm, die Waschbecken noch nass und die eben abgegebenen Zimmerschlüssel schaukeln noch am Haken, schon rücken wir mit Putzutensilien bewaffnet an, um in nur wenigen Stunden dem nächsten Gast das Gefühl zu geben, dieses Zimmer als Allererste zu bewohnen. Fragen Sie uns zum Bespiel mal, wie man Zigarettenqualm rasch zum Verduften bringt oder in Sekundenschnelle UFOs (Unbekannte Fett-Objekte) aus Sitzmöbeln entfernt, das gehört bei uns Ferienwohnungsvermietern zum unentbehrlichen Allgemeinwissen. Im Laufe der Jahre haben wir spezielle Vorlieben entwickelt; die einen wienern am liebsten die Nassräume blank, während andere das Fensterputzen perfektioniert haben. Doch trotz aller Vorlieben muss zum Schluss alles picobello sein, das ist klar.

Auch ich habe in meiner Zeit als Vermieterin meinen eigenen Putzstil gefunden und war immer heilfroh, wenn mir eine Bekannte half, die mit Vorliebe Kalkflecken entfernte. Diese Bekannte war ein echter Profi in Sachen Wohnungsputz, sie verdiente ihren Lebensunterhalt damit, überall auf der Insel mit dem Feudel parat zu sein.

Sie wurde mir von einem Kollegen empfohlen. »Sie ist schnell und zuverlässig und dabei beispiellos gründlich!«, schwärmte er.

»Aha«, sagte ich und war erfreut.

Doch er führte weiter aus: »Wissen Sie, ich hatte schon viele Putzhilfen, aber diese Frau ist eine Perle. Die meisten wischen hier und schrubben da, aber sie war die Erste, die auch mal die Mimi sauber gemacht hat, Sie verstehen?«

Ich nickte.

»Und das gehört dazu, dass die Mimi sauber ist, oder nicht?«

»Na klar«, nickte ich wieder. »Es gibt fast nichts Schlimmeres als eine dreckige Mimi. Das ist bei mir oberstes Gebot beim Putzen.« Energisch präsentierte ich mich als die reinliche Gastwirtin, für die ich mich eigentlich auch halte. Aber heimlich fragte ich mich: Was um Himmels willen ist eine »Mimi«? Und noch viel gravierender: Ist meine »Mimi« auch sauber? Oder reisen meine Gäste freundlich lächelnd ab, denken aber im Stillen: »In dem Haus ist zwar alles ganz nett, aber die ›Mimi‹ eine Zumutung«?

Jedes Mal, wenn ich seitdem meine Ferienwohnungen putzte, dachte ich zwanghaft darüber nach. Ist »Mimi« vielleicht die obere Türleiste, fragte ich mich und kümmerte mich intensiv um die Staubbekämpfung dieser in der Eile oft vernachlässigten Stelle. Und wenn ich dem Fettfilm an der Dunstabzugshaubenbeleuchtung zu Leibe rückte, dann hoffte ich, vielleicht hier für eine lupenreine »Mimi« zu sorgen. Auch die Unterseite des Waschbeckens mit den tückischen, nur im Sonnenlicht erkennbaren Wasserflecken oder die Kleiderbügelstange mit ihrem schwarzen Belag kamen als »Mimi« in Betracht. Und ich putzte sie alle, denn schaden konnte es schließlich nicht. Außerdem traute ich mich nicht, meine Mitbewerber nach der tieferen Bedeutung des Wortes zu fragen, vielleicht war das Wissen um die saubere »Mimi« tatsächlich Allgemeinwissen und ich stünde dann als Schmutzfink da. Aber eigentlich war ich mir doch ziemlich sicher: Meine »Mimi« ist sauber! Oder?

Irgendwann wurde mir die Arbeit rund um die Ferienwohnungen zu viel. Ich hatte inzwischen meine ersten beiden Romane geschrieben und ein großer Verlag klopfte an, das war parallel und als Mutter von zwei kleinen Kindern nicht mehr zu schaffen. Also suchte ich nach einer Saisonkraft, die mich während der Sommermonate unterstützte. Und fand Marta!

Marta war meine erste Angestellte. Und ich ihre erste Chefin. Für uns beide damals gleichermaßen aufregend. Den Brief, den ich Marta nach Pierzwin, dem Hundert-Seelen-Dorf im polnischen Teil Niederschlesiens, schrieb, hat sie heute noch. »Ich konnte es kaum fassen. Eine feste Anstellung, ein faires Gehalt, gute Arbeitszeiten und ein Zimmer mit eigenem Bad, dazu Frühstück, Mittag- und Abendessen im Kreis der Familie. Natürlich packte ich sofort meine Koffer und fuhr los.«

Martas Geschichte fängt allerdings schon etwas früher an, denn diese weite Reise von Pierzwin nach Juist wagte sie bereits mit acht Jahren, gemeinsam mit ihrer älteren Schwester Wioleta. »Von Pierzwin nach Zielona Góra, dann weiter nach Breslau und mit dem Bus bis Hannover. Zwei kleine Dorfmädchen, die kein Wort Deutsch sprachen und mehrere Koffer mit polnischen Lebensmitteln mitschleppten. Wenn nicht in Hannover ein aufmerksamer Familienvater auf unsere Tickets geschaut und uns zum richtigen Gleis geführt hätte, wir hätten den Zug nach Norddeich Mole niemals erwischt. Schließlich, am Ende der Reise, saßen wir auf der *Frisia* und kriegten die Münder nicht mehr zu. Was für eine andere Welt! Die roten Häuser auf Juist, die Pferdekutschen am Hafen, ich liebte es sofort … Und unsere Mutter wartete aufgeregt neben der großen Uhr.« Martas Mutter arbeitete damals als Saisonkraft auf Juist, um für sich und ihre drei Kinder, die sie alleine großzog, den Lebensunterhalt zu bestreiten.

Arbeitskräfte aus Polen, das damals noch nicht zur EU gehörte, waren für die Juister Betriebe eine kostengünstige Variante. Geringer Stundenlohn, bescheidene Ansprüche an Unterkunft, Arbeitszeit und Tätigkeit. Für die Arbeitskräfte aus Polen wiederum waren die Monate als Küchenhilfe, Putzkraft und Hausmeister begehrte Jobs, in denen man den Sommer über mehr verdiente als in der Heimat im ganzen Jahr. Oftmals vermittelt durch sündhaft teure Arbeitsagenturen, die nicht immer ganz lupenrein agierten, was Aufenthaltsgenehmigungen, Steuern und Sozialabgaben betraf.

»Für meine Mutter war es eine schwere Zeit, sie hat über die reguläre Arbeit in einem Hotelbetrieb hinaus nach Feierabend oder am Wochenende in Privathaushalten geschuftet. Aber was sollte sie auch anderes tun? Die Unterkunft war wenig gemütlich und das Leben auf Juist zu teuer, als dass sie ihr hart verdientes Geld für Freizeitvergnügen ausgegeben hätte. Wenn sie mal Zeit hatte, ging sie mit ihren Kolleginnen spazieren, ansonsten zählte sie die Tage, bis sie wieder bei uns Kindern sein durfte.« Dass Marta und ihre Schwester die Mutter im Sommer besuchen durften, war eine Ausnahme und musste vom Arbeitgeber genehmigt werden. »Wir waren gern auf Juist, und wenn es ging, halfen wir meiner Mutter ein bisschen. Das war sozusagen unser Urlaub. Denn zu Hause in Polen mussten wir Kinder neben der Schule auf dem Hof meiner Tante mit anpacken. Schweine füttern, im Garten arbeiten, bei der Ernte helfen. Dagegen waren die Wochen auf Juist paradiesisch.«

Marta lebte und arbeitete zwei Sommer lang in unserem Haus, absolvierte einen Sprachkurs und lernte bei einem Nebenjob Lutz kennen. Der große Bruder einer meiner Klassenkameradinnen hatte als gelernter Koch gerade die Frühstückspension seiner Eltern übernommen. Irgendwann, ich glaube, Marta und ich falteten gerade gemeinsam die Mangelwäsche auf Schrankformat, erwähnte sie seinen Namen. »Der will immer Kaffee mit mir trinken«, erzählte Marta auffällig unauffällig. »Was soll ich denn nur machen?«

»Na, einen Kaffee mit ihm trinken«, konnte ich reinen Gewissens antworten, denn wenn Lutz ein Saufkopp oder Weiberheld gewesen wäre, hätte ich das ja längst mitbekommen. Was ich damals nicht gleich verstand: Martas Scheu, sich mit einem Juister zu treffen, hatte ganz andere Gründe. Sie fürchtete sich vor Anfeindungen. Denn obwohl es schon damals einige Juister polnische Liebesgeschichten gab und viele davon bereits mehrere Jahre glücklich und mit Nachwuchs gesegnet waren, gab es einen gewissen Argwohn. Ganz egal, ob ein Juister und eine Polin oder eine Juisterin und ein Pole zusammengefunden hatten – der Unterstellung, dass es den ehemaligen Saisonkräften dabei weniger um Liebe als um Geld gehe, sahen sich alle diese Paare ausgesetzt. Wahrscheinlich konnte man die Einheimischen, die so dachten, an einer Hand abzählen, doch sie reichten, um Marta zu verunsichern. »Es gab Leute, die habe ich jeden Tag gegrüßt. Moin! Und dann noch mal: Moin! Und ein drittes Mal: Moin! Und nie kam ein Wort zurück. Da habe ich mir irgendwann gesagt: So, jetzt lasse ich es eben bleiben.« Das Ergebnis war verblüffend. Kurz nachdem sie das Grüßen eingestellt hatte, gab es Beschwerden über sie. »Ich solle gefälligst grüßen, aber bitte nicht auf Plattdeutsch, sondern in meiner Sprache, auf Polnisch. Also *cześć*. Dann würde man auch reagieren.« Marta hat darüber einige Tränen vergossen. Wenn die Angst, niemals dazuzugehören, übergroß wurde, überlegte sie gar, die Insel zu verlassen. Doch Lutz und seine Familie standen stets hinter ihr. »Mein Schwiegervater fühlte sich von Anfang an so vertraut mit mir, dass er in meiner Gegenwart nur Plattdeutsch gesprochen hat. Und komischerweise habe ich ihn auch immer verstanden.« Irgendwann wird es besser werden, versprachen Lutz und sie sich gegenseitig. Spätestens, wenn sie so lange verheiratet sein würden, dass die Unterstellung, es ginge ihr nur ums Geld, schlichtweg nicht mehr haltbar wäre.

Inzwischen sind es mehr als sechzehn Jahre. Die beiden gemeinsamen Kinder sind groß. Die Liebe hält. Die Frühstückspension, die Marta zusammen mit Lutz führt, macht ihr Arbeit, aber auch Freude. Sie hat viele Freundinnen auf der Insel, einige davon kommen ebenfalls aus Polen und haben Juister geheiratet, andere aber auch nicht. Wen sie grüßt, entscheidet Marta ganz selbstbewusst aus dem Bauch heraus. Einige grüßt sie mit »Moin!«. Und andere mit »*Cześć!*«. Und ein paar wenige eben gar nicht mehr.

Als Pensionsbetreiberin beschäftigt sie inzwischen selbst eine feste Angestellte. »Eine junge Frau aus Polen unterstützt mich in den Sommermonaten. Ein faires Gehalt, gute Arbeitszeiten, ein Zimmer mit eigenem Bad, dazu Frühstück, Mittag- und Abendessen im Kreis der Familie«, sagt sie. »Genau wie bei euch damals!«

Laut & Leise

Wer sagt, auf Juist herrsche himmlische Stille, ist entweder noch nie da gewesen oder macht sich was vor.

Die Insel ist ein Orchester. So viele Instrumente, und die meisten davon spielt der Westwind ab Stärke vier. Mehrstimmiges Heulen, wenn sich ihm ein Haus entgegenstellt und er an der Backsteinmauer entlang einen Umweg wehen oder die pfeifende Abkürzung durch einen Spalt im undichten Türrahmen nehmen muss. Schon schwellen schaurige Akkorde, Obertöne jaulen mit. Im Bootshafen flattern die Segelmasten dazu im Staccato. Nachts schlägt der Sturm wie ein Paukenspieler gegen die Fensterscheibe, zu unrhythmisch, um als Schlaflied zu taugen. Und vom offenen Meer raunt die ewige Brandung als Opernchor.

Dazu gesellen sich jede Menge Solisten. An der Trompete die Rettungsschwimmer, die unten am Meeresufer die Tröten an den Mund heben, einmal, zweimal, dreimal hineinblasen, bis auch der letzte Strandgast verstanden hat, dass das Baden bei ablaufendem Wasser keine gute Idee ist. An den Percussions: Domino oder Flicka, Hektor oder Lotte, die mit ihren Hufen den Takt aufs Straßenpflaster treten. Dann das monotone Surren der Insulanerräder mit Elektroantrieb und das Rappeln der Karren dahinter, ab und zu eine Klingel, wenn es auf der Wilhelmstraße zu eng wird. Viermal täglich – um acht, um zwölf und um achtzehn Uhr – hat das Glockengeläut beider Inselkirchen seinen zuverlässigen Einsatz.

Geboten wird eine Ouvertüre aus Kinderlachen, -quengeln, -weinen, -rufen, Um-ein-Eis-Betteln, Um-längeres-Aufbleiben-am-Abend-Betteln. »Ich finde schon allein den Weg nach Hause, ganz bestimmt, Mama, Papa!«

Eltern, die mit sich ringen (*legato*). Dünensingen (*vivace*). Gläserklingen (*fortepiano*).

Ein kurzes »Moin« als Intermezzo.

Kofferrollen (*andante*). Hundetollen (*giocoso*).

Der legendäre Theo »Tuut«, langjähriger Kapitän der *Frisia IX*, der stets kurz vor der Ankunft im Hafen ausgiebig das Nebelhorn erschallen ließ, ist inzwischen leider im Ruhestand. Doch bei der Schiffsabfahrt scheppert weiterhin täglich »Biskaya« von James Last aus den Lautsprechern vom Hafen bis hinüber ins Dorf, mischt sich dort mit den Klängen des einzig wirklich organisierten Orchesters, das in der Konzertmuschel auf dem Kurplatz gerade einen Dreivierteltakt angezählt hat, um einen ungarischen Tanz zu spielen.

Die Möwen als die Diven der Lüfte brauche ich nicht extra erwähnen, die hat man automatisch im Ohr, wenn man an die Nordsee nur denkt.

Es ist niemals still. Nirgendwo.

Doch eine Rockband auf Juist, die stresst natürlich schon mit ihren übertriebenen Dezibel. Ich meine nicht die Jazz-Combos, Country-Formationen und Top-Fourty-Truppen, die an jedem Himmelfahrtswochenende zum Musikfestival geladen sind, dem wunderbaren Höhepunkt der insularen Kakofonie. Nein, ich meine eine richtige Insel-Rockband. Ich meine Schlagzeug, Bass, Gitarre, Keyboard, Gesang. Boxen und Verstärker und Mischpulte auf volle Lautstärke. Ich rede von:

Strandgut
irgendwo über Bord geflogen
Strandgut
von der Strömung fortgezogen
Strandgut
irgendwann hier angetrieben und liegengeblieben
Jetzt hört ihr uns
fünf laute Gestalten
und was man am Strand findet
das darf man behalten

Dass es bei der überschaubaren Einwohnerzahl auf Juist diese Band überhaupt gab (und zwar von 1998 bis 2005) und dass diese nicht nur musikalisch im Einklang war, sondern auch menschlich, grenzt für mich heute noch an ein kleines Wunder. Strandgut war so etwas wie ein Sechser im Lotto, wie vom Blitz getroffen werden oder einen Haiangriff im Wattenmeer überleben: Ziemlich unwahrscheinlich, aber wenn es passiert, ist es spektakulär.

Musik war in meinem Leben schon immer ein fester Bestandteil. Doch die Zeit mit Strandgut teilt alles in ein Davor und Danach. Vielleicht, weil ich mich mit dieser Band das erste Mal traute, lauter zu sein als erlaubt.

Manchmal hab ich das Gefühl
ich bin der Mensch, der hier zu viel ist
der dann kommt, wenn alle gehen
der da hinschaut, wo alle wegsehen
der dann was sagt, wenn alle schweigen
Dann bin ich lauter als das Rauschen der Meere
für das ihr einfach kassiert
Dann bin ich lauter als das Klingeln der Kassen
für das hier alles passiert
Dann bin ich lauter
als vier Wände es schlucken
Dann steh ich einfach nur da
und bin euch allen im Weg

Unsere erste Probe fand an einem winterlichen Mittwochabend im Raum 9 der Inselschule statt, mit malerischem Blick in die Dünen. Vereinzelt hoppelten geschockte Kaninchen in ihre sandigen Löcher und Fasanen flatterten panisch in den eisgrauen Himmel, verscheucht von den neuen Tönen im Dünental. Das nötige Equipment konnten wir im Musikraum zusammenklauben, über den Schlüssel verfügten wir dank Martina, die nicht nur Gitarristin war, sondern auch gerade ihre erste Lehrerinnenstelle auf Juist angetreten hatte. Am Schlagzeug saß Gerold, der sich mit den Sticks in der Hand prima von seinem Tag als Sparkassenangestellter abreagieren konnte. Bassist Max war sonst als Konditor für das gute Bauchgefühl zuständig, jetzt drangen seine wummernden Saiten in Leib und Seele. IT-Experte Reinhard hingegen kannte sich wie kein Zweiter mit Keyboards aus und feilte akribisch am perfekten Neunzigerjahresound. Und ich griff zum Mikrofon, was soll ich sagen, eine Rampensau war ich wohl schon immer irgendwie.

Nach einer kurzen Versuchsphase mit Gassenhauern von Bryan Adams, Cher und Co. entschieden wir uns, lieber eigene Songs zu spielen. Inspiriert von unserem Leben auf Juist, das sich so alltäglich anfühlt für die Einheimischen und so exotisch für die Menschen, die auf dem Festland wohnen. Unser größter Hit hieß »Wolkenlos«, ein Liebeslied, ich hab es an einem Regentag in einer schwer verknallten Stimmung gedichtet und mich anfangs nicht getraut, es für alle Ohren hörbar werden zu lassen. Was, wenn es als peinlich entlarvt würde, zu viel über mich verriete, oder – schlimmer noch – den anderen schlicht nichtssagend erschiene? Aber schon bei unserem dritten oder vierten Auftritt sangen die Leute lauthals mit, und ich war das erste Mal vorsichtig optimistisch, dass es etwas Festes werden könnte mit mir und den Wortspielereien.

Doch es gab auch Probleme. Zuerst mit der Volkstanzgruppe, im Inseljargon Hupfdohlen genannt. Die probten ebenfalls am Mittwochabend in der Inselschule, bis ihr Akkordeon von uns in Grund und Boden gelärmt wurde. Sie hatten nicht unrecht, wir waren einfach viel zu laut …

… und fanden Unterschlupf im Umkleideraum unserer Gitarristin. Leider klirrten fortan beim Schulhausmeister, dessen Wohnung am anderen Ende des Dachbodens lag, die Gläser in der Vitrine. Es stimmte, wir waren viel zu laut …

… und zogen um. Solange Winter war, durften wir unsere Instrumente im Nationalpark-Haus im alten Bahnhof parken und bis 22 Uhr im Vortragsraum proben, beäugt von diversen Aquarienbewohnern und ausgestopften Wasservögeln ringsherum. Im Sommer fanden wir eine Heimat in einem leerstehenden Strandzelteschuppen im Dünental in der Nähe der Siedlung. Bis Kurgäste kamen und sich dort Ferienhäuser einrichteten. Viel! Zu! laut!

Okay, so langsam ging uns dieser Vorwurf auf die Nerven. Wo sollten wir denn hin? Etwa an den Kalfamer? An die Bill? Selbst die Reise an die äußersten Inselzipfel hätten wir in Kauf genommen, wir wollten doch nur spielen. Leider ist dort absolute Ruhezone, das Nationalparkgesetz kennt kein Pardon.

Nordseeheilbad und Naturschutzgebiet auf eingeschränktem Raum, da war es schon in meiner Kindheit eine Herausforderung, keinen Rüffel wegen Ruhestörung zu kassieren. In den 1970er-Jahren herrschten auf Juist sehr strenge Mittagsruhezeiten. Kein Straßentennis, keine Rollschuhe, kein »Ein Hut, ein Stock, ein Regenschirm« zwischen 13 und 16 Uhr. Wenn ich meine Freundinnen, deren Eltern sämtlich Gästehäuser hatten, besuchte, durften wir im Hausflur gar nicht und im Zimmer nur flüsternd reden, um das Nickerchen der Kurgäste nicht zu stören. Mein Vater bekam während seiner Amtszeit als Inselpastor mehrfach telefonische Beschwerden, weil diese ohrenbetäubenden Kirchenglocken doch bitte nicht am Sonntagmorgen in aller Herrgottsfrühe zu bimmeln hätten (der Hauptgottesdienst begann um 10 Uhr, da war der Herrgott längst putzmunter). Das klingt nach längst vergangenen Zeiten, doch selbst rund um den Millenniumswechsel eskalierte noch ein Streit um den Spielplatz, der damals zwischen Deich und Kurplatz errichtet werden sollte. Uns rennen die Gäste weg bei dem Kindergeschrei, krakeelten einige (zum Glück nur sehr wenige), deren Grundstücke in der Nähe lagen. Die Prophezeiung hat sich übrigens nicht erfüllt, der Spielplatz erfreut sich großer Beliebtheit, wurde inzwischen um einen Boule- und einen Minigolfplatz erweitert – und die betreffenden Hotels und Ferienwohnungen werben heute mit ihrer Familienfreundlichkeit. Viel Krach um nichts.

Auch bei Strandgut war irgendwann Ruhe im Karton und

wir fanden den idealen Probenraum: Er war zentral, wir durften laut sein, hatten Meerblick – und immer genügend gekühlte Getränke griffbereit. Denn der *Looger Koopmann*, der bei unseren Konzerten regelmäßig den Bierwagen bestückte und uns auch sonst zugetan war (vermutlich nicht trotz, sondern gerade wegen unserer Lautstärke), stellte uns sein Lager im Hafen zur Verfügung. Wir probten auf dem Dach des Kühlhauses, sommers wie winters, und waren restlos glücklich.

Fernseh- und Radioteams reisten an, um von der kuriosen Inselband im maritimen Bierlager zu berichten, wir nahmen drei CDs auf, gingen sogar auf Deutschland-Tournee (also, genau genommen spielten wir immerhin in Bielefeld, Leer und Norden). Doch wie das bei Strandgut so ist, haben einige Mitglieder im Lauf der Gezeiten die Insel verlassen. Wir wurden schnell wieder fündig: Dünenwart Frank übernahm die Gitarre und Jens von der Jugendbildungsstätte den Bass. Eine zweite Frontfrau – Kindergärtnerin Karina – bereicherte die Truppe, und der bandeigene Techniker – Hausmeister Bernd – investierte neben modernster Tontechnik mit Vorliebe in leistungsstarke Nebelmaschinen. Plötzlich waren wir nicht nur laut, sondern rochen auch sonderbar und waren kaum noch zu erkennen.

Nicht alle standen auf uns, Musik ist nun mal Geschmacksache. Obwohl wir auch das eine oder andere Crossover wagten, den Shantychor musikalisch genauso einspannten wie die Juister Kindergartenkinder und einen waschechten *Frisia*-Kapitän. Für viele waren wir noch immer einfach nur viel zu laut.

Einigen Menschen jedoch sind wir ans Herz gewachsen, sie haben sich bei unseren Liedern verliebt, verkracht, wieder vertragen. Einmal wurden wir als Überraschungsgäste zu einem sehr aufwendigen Heiratsantrag in den Weißen Saal ins Kurhaus geladen. Als das Dessert mit dem Ring im Sahneberg hereingetragen wurde, spielten wir eine Unplugged-Version von unserem Reggaeverschnitt »Versprochen ist versprochen«. Die Angebetete sagte übrigens Jein, das lag aber nicht an uns (betrunken haben wir uns anschließend trotzdem, weil es schon peinlich war, so vor all den vornehmen Gästen, die dort tafelten).

Ich mag sie immer noch, diese Songs, die damals entstanden und Namen wie »Sturm im Wasserglas«, »Sünde am Strand« oder »Watt'n Meer« trugen. Zwei- bis dreimal im Jahr höre ich sie mindestens, kann noch immer auswendig mitsingen und schwelge in Erinnerungen. Da bin ich nicht die Einzige, von vielen Juist-Gästen weiß ich, dass sie stets eine unserer CDs in den Player des Autoradios stecken, sobald sie sich auf den Weg nach Juist machen, um sich in den Urlaub einzugrooven. Und die Lieder unseres grandiosen »Wiegand-Wattwurm-Musicals« heizen beim Strandsport den kleinsten Kindern ein. Dann erklingen einzigartige Liedzeilen wie:

Doch auch ein kleines Wattwurmleben
ist zu etwas Großem nütze
und ich spüre den Stolz
bis in die Wattwurmschwanzspitze

Manchmal haben wir verwegen geträumt, ganz wirklich richtig berühmt zu werden, nicht nur auf Juist, sondern im verdammten Rest der Welt. Der ESC war ein erklärtes Ziel, das wir nie auch nur annähernd erreichten. Es wurde still um Strandgut. Keiner aus der Urbesetzung lebt heute noch auf Juist, es hat uns in alle Windrichtungen verschlagen. Das ist nicht tragisch. Wir haben sie ja gehabt, diese laute, anstrengende, kreative und wunderbare Zeit. Mir hat sie Rückenwind gegeben, das zu werden, was ich heute bin.

Wir wagen uns vor in fremde Gewässer.
Wer ist schon Strandgut?
Wir sind strandbesser!

Flora & Fauna

Sanddorn, Strandhafer, Inselrose, Brombeeren, Silberpappeln, Wattflieder.

Pferde, Möwen, Fasanen, Sandklaffmuscheln, Wattwürmer, Kaninchen, Seehunde.

Hat man alles sofort vor Augen. In der Nase. Auf den Fingerspitzen.

Die orangen Sanddornbeeren schmecken bitter, liefern aber sehr viel Vitamin C. Am blassgrünen Strandhafer kann man sich schneiden, dafür sichern seine tiefen Wurzeln die Stabilität der Dünen. Die hauchdünnen Inselrosenblätter kann man mit einem Trick laut knallen lassen und die Kerne ihrer saftigen Hagebutten lassen sich als Juckpulver verwenden. Brombeeren gibt's im Sommer, sie hinterlassen dunkle Flecken auf der Kleidung, die man nie wieder rauskriegt. Silberpappeln rascheln im Wind und sehen im Gegenlicht gespenstisch aus. Wattflieder riecht nach Medizin und steht unter strengem Naturschutz.

Pferde arbeiten hart, schnauben und hinterlassen ein Geruchsgemisch aus Schweiß, Ammoniak und Rosendünger. Möwen lachen und klauen das Fischbrötchen aus der Hand der

Touristen. Fasanen queren hysterisch den Weg und krakeelen in den Dünen. Sandklaffmuscheln pinkeln, wenn der Wattführer gegen ihre Schale klopft. Wattwürmer scheiden beim Abtauchen in den Schlick spaghettiförmige Haufen aus. Kaninchen buddeln Löcher in die Dünen und gefährliche Stolperfallen in den Fußballplatz. Seehunde rekeln sich hinten an der Bill auf ihren Sandbänken oder tauchen verspielt durch das salzige Wasser, wer sie beobachtet, wünscht sich, irgendwann als Robbe wiedergeboren zu werden.

So weit zu den Superstars der Juister Tier- und Pflanzenwelt, die die Titelseiten der Reiseführer schmücken. Sie sind nur ein Bruchteil dessen, was im Nationalpark Wattenmeer so kreucht und fleucht. Im Frühjahr 2016 wurden auf Juist beim regelmäßig stattfindenden »Tag der Artenvielfalt« stolze 726 Tier- und Pflanzenarten gezählt. Wenden wir uns doch mal jenen zu, die kaum jemand kennt. Den No-Names. Obwohl, gerade die haben eigentlich oft die tollsten Namen.

Beispielsweise der Küstendünen-Kleinspanner. Was klingt, wie der Doppelname einer schmallippigen Studienrätin in einem Loriot-Sketch, ist die Bezeichnung eines extrem seltenen Schmetterlings. In freier Wildbahn übersieht man ihn glatt. Und das ist gut so. Das ist seine Taktik. So vieles in den Juister Dünen ist bunt und groß und schreit nach Aufmerksamkeit. Die Sonnenschirme, Strandlaken, Flipflops und Cocktails.

Der Küstendünen-Kleinspanner, lateinisch *Scopula emutaria*, ist bloß zwei Zentimeter breit und – im Gegensatz zu den farbenprächtigen Inselschmetterlingen Ampfer-Purpurspanner und Perlmuttfalter – in bescheidenes Beige-Grau gekleidet, als einzige Extravaganz leistet er sich winzige schwarze Pünktchen in der Flügelmitte. Fein fliegt er, leicht und matt, ist kaum zu fangen. Genau wie der Sand, der überall rieselt, in die Ritzen von Strandzelten, Sonnenschirmen, Flipflops, manchmal auch in Cocktails. So unauffällig ist der Küstendünen-Kleinspanner, dass die Lepidopterologie (Fachbegriff für Schmetterlingsforschung, ich gebe zu, das habe ich nachgeschlagen) jahrzehntelang mutmaßte, es gäbe ihn gar nicht mehr. Sein flauschiger Kollege drüben an der Deichseite, der Salzwiesen-Sackträger, ist aus demselben Grund seit 1930 niemandem mehr ins Schmetterlingsnetz gegangen. Und in den Wiesen am Hammersee versteckt sich erfolgreich ein entfernter, dezent gestreifter Verwandter, der Klappertopf-Kapselspanner.

Küstenschmetterlinge haben sich in dieser besonderen Zwischenwelt von Land und Meer nahrungstechnisch auf Pflanzenarten spezialisiert, die es nur hier gibt. Ihre stecknadelkopfgroßen Eier kleben sie auf die Unterseite des Kleinen Sauerampfers, der auf sandigem Inselgrund bestens gedeiht. Zur Leibspeise der frisch geschlüpften Raupen gehören Meersenf, Salzmiere und See-Mangold. Sobald die Insekten nach der Verpuppung von Blüte zu Blüte flattern können, saugen sie mit ihren Rüsseln Nektar aus der Schönfrüchtigen Melde oder der Roten Quellbinse.

Trotz aller Bemühungen, quasi unsichtbar zu bleiben und für ausgestorben gehalten zu werden, wurden der Küstendünen-Kleinspanner und seine unauffälligen Kumpane bei der Artenzählung im Jahr 2016 auf Juist wiederentdeckt. Vom Biologen Carsten Heinecke, der sich bei seinen Forschungsarbeiten über Küstenschmetterlinge auch für das Blassstirnige Flechtenbärchen, den Asternmönch und die Schwarzgraue Kräuterraseneule begeistern kann.

Sein Kollege Walter Wimmer, ein namhafter Malakologe (= Weichtierkundler – wussten Sie nicht? Keine Sorge, ich auch nicht …), hat am »Tag der Artenvielfalt« übrigens ein wunderschön gezeichnetes, schlankes, quietschfideles Exemplar der *Eobania vermiculata* entdeckt. Auch bekannt als Nudelschnecke (oder Divertikelschnecke – das klingt aber nur halb so schön).

Jetzt muss ich einen kleinen Einschub wagen, denn es gibt so Geschichten, die sind einem wirklich passiert, und in dem Moment, in dem sie einem passiert sind, hat man noch gedacht: Mist, das wird dir nie ein Mensch glauben! Insbesondere, wenn man Schriftstellerin ist und einer überbordenden Fantasie bezichtigt wird. Deswegen habe ich die folgende, auf Juist geschehene Geschichte nur sehr selten und nur sehr vertrauten Menschen erzählt. Und selbst die haben mir meistens nicht geglaubt.

Aber dann, als ich im Zuge der Recherche für dieses Kapitel las, dass Herr Wimmer auf Juist die erste Nudelschnecke Niedersachsens entdeckte (auf die Nudelschnecke komme ich später noch ausführlicher zurück, versprochen), fiel mir dieses Erlebnis wieder ein und ich habe gegoogelt und traf auf etliche Leidensgenossen. Jetzt aber, also: Auf dem Weg von der Schule nach Hause, am Hügel vom Schoolpad runter zur Dellertstraße, habe ich einmal eine Schnecke über den Weg kriechen sehen. Die wollte ich retten, weil sonst bestimmt einer von den fiesen Jungs mit dem Bonanzarad (die Geschichte spielt in den 1970ern) drübergerollt wäre. Also hob ich das Tier behutsam auf, betrachtete es von allen Seiten, sah, dass es den Mund öffnete – und mich frech in den Handballen biss! Die Stelle brannte, wurde rot und schwoll ein bisschen an. Die undankbare Schnecke habe ich trotzdem gerettet. Als ich anschließend zu Hause angekommen war und mein Leid klagte, hat meine Mutter ungläubige Tränen gelacht, mir das Mittagessen hingestellt und gefragt, was sonst noch so los war in der Schule.

Aber jetzt hab ich gegoogelt – »können Schnecken beißen?« – und mir im Internet interessante Videos angeschaut, die mein Selbstvertrauen gestärkt haben, dieses Erlebnis publik zu machen. Ich weiß, Schnecken haben keine Zähne, ergo können sie genau genommen nicht beißen. Aber ihre Raspelzunge ist durchaus in der Lage, für Abschürfungen und Hautreizungen zu sorgen. So! (Zu Ihrer Beruhigung: Inzwischen ist die Schwellung abgeklungen und es tut auch nicht mehr weh.)

Nun will ich aber endlich auf die Nudelschnecke kommen.

Die habe ich natürlich auch gegoogelt. Sieben von zehn Suchergebnissen waren Pastarezepte, die ich definitiv mal ausprobieren werde. Zwei von zehn Suchergebnissen waren Schneckenrezepte, die ich definitiv nicht ausprobieren werde. Ab und zu verwies der Link aber tatsächlich auf Naturschutzseiten, die Auskunft erteilten über diese eher kleine, schlanke Schneckenart, die es frei lebend in Deutschland nicht gibt. Falls einem doch ein Exemplar über den Weg kriecht, so könne man davon ausgehen, dass es aus Versehen mit einer Ladung Weintrauben aus Griechenland oder Süditalien importiert wurde. Und sich im nächsten Winter warm anziehen muss, da es nordeuropäischen Temperaturen kaum gewachsen ist. Im Gegensatz zum Bierschnegel – ein nackter Geselle, den Schneckenforscher Walter Wimmer ebenfalls bei der Juister Expedition gefunden hat –, der stammt auch aus Italien, ist aber schon länger im Norden erfolgreich akklimatisiert. Vielleicht, weil er sich von Biergeruch angezogen fühlt, was beim *Homo insulae* mitunter ebenfalls beobachtet wurde.

Im Inselwesten, vom Dorf aus gesehen noch hinter dem im Schilf verborgenen Hammersee, liegt der Ort, an dem das Töwerland so magisch ist wie nirgendwo sonst: ein Sumpf zwischen pittoresk geformten Karpatenbirken und Schwarzerlen, dem jeden Moment Elfen und Feen entsteigen könnten, um auf einer von Farnen umkränzten Lichtung zu tanzen. Orchideen kontrastieren im Grün, das violette Knabenkraut hier und drüben die hellgelbe Stendelwurz. Duckt sich da, an der von silbernen Flechten überzogenen Wurzel, ein kleiner Gnom? Glauben Sie nicht? Dann besuchen Sie mal einen der von Astrid Witschorke geführten Spaziergänge in die Wunderwelt Wäldchen. Dort kann man sehen oder spüren oder ahnen, wo die Naturgeister zu Hause sind. Selbst wer derlei für Spuk hält, darf sich ruhig mal auf diese (über-) sinnliche Wahrnehmung der Umwelt einlassen.

Rund um die ineinander verschlungenen Gehölze wachsen duftende Pilze. Wechselfarbiger Spei-Täubling, Flatter-Milchling, Geranien-Gürtelfuß, sogar ein Fliegenpilz, gebettet in saftigem Moos. Entlang der Schleichpfade perlt Tau von den Gräserspitzen. Der Schritt wird gedämpft durch den warmfeuchten Mulch.

Und ja, das könnte wirklich ein Kuckuck sein, der da ruft.

Im Luftraum über der Insel herrscht das ganze Jahr hindurch reger Flugverkehr. Silbermöwen präsentieren ihre anderthalb Meter Spannbreite vor dem Himmelblau. Kiebitze sorgen mit ihren oben schwarzen und unten weißen Flügelflächen für ein Blinken und Flimmern. Seeschwalben gleiten im Tiefflug so nah über die Wasseroberfläche, dass bei ruhiger See kein Unterschied auszumachen ist zwischen Original und Spiegelbild. Austernfischer hingegen bleiben meistens am Boden, staken durch den weichen Sand und stochern nach Leckereien.

Im Frühjahr und Herbst zeichnen die Zugvögel ihre Pfeile in die Luft. Viele von ihnen machen eine Stippvisite auf den

Wattwiesen, die so etwas wie die letzte Tankstelle vor der langen Reise sind. Dort fressen sich die Langzeitflieger – Tausende Gänse und Enten und Watvögel – noch mal richtig satt. Ihr Schnattern und Flattern schallt bis ins Inseldorf. Mitunter klingt es wie ein Zanken und Lästern. Oder bilde ich mir das aufgrund ihrer wunderbaren Namen ein?

»Du führst dich mal wieder auf wie ein Wachtelkönig!«

(Wachtelkönig, *Crex crex,* Ruf: »Rrreep rreep«, Reisezeit: Mai und August, Reiseroute: Juist – Südafrika und zurück)

»Kommst daher wie so'n Wiesenpieper!«

(Wiesenpieper, *Anthus pratensis,* Ruf: »Ihitihitihit«, Reisezeit: April und Oktober, Reiseroute: Juist – Nordafrika und zurück, manchmal aber auch an der ostfriesischen Küste sesshaft)

»Die größte Trottellumme unter der Sonne!«

(Trottellumme, *Uria aalge,* Ruf: »Wha Wha Wha«, Reisezeit: Juli, Reiseroute: Juist – Helgoland und zurück)

»Einmal Knutt, immer Knutt!«

(Knutt, *Calidris canutus,* Ruf: ein nasales »Üätt«, Reisezeit: Mai und August, Reiseroute: Juist – Sibirien und zurück)

»Du … du … Pfuhlschnepfe!«

(Pfuhlschnepfe, *Limosa lapponica,* Ruf: wenn überhaupt, dann »Kuwi Kuwi«, Reisezeit: April und September, Reiseroute: Tundra – Juist – Westafrika und zurück)

»Jetzt guckst du aber wie 'ne Sumpfohreule.«

(Sumpfohreule, *Asio flammeus,* Ruf: »Hu«, »Bu« oder »Kiiijá«, Reisezeit: immer auf Achse, Reiseroute: Juist – Portugal und wohin es sie sonst noch so verschlägt)

»Ein Sanderling warst du ja schon immer.«

(Sanderling, *Calidris alba,* Ruf: »Plitt tjick tiwick«, Reisezeit: April und Oktober, Reiseroute: Südafrika – Juist – Spitzbergen und zurück)

Schmetterlinge, Orchideen, Schnecken, Pilze, Zugvögel – es scheint, Juist sei der Garten Eden, wo Mensch, Tier und Pflanze in Harmonie zusammenleben und – bis auf die »bissigen« Schnecken – keine Gefahr droht. Stimmt aber nicht. Ich hatte schon mal einen Gemeinen Holzbock im Bauchnabel. Den habe ich mir wohl beim Brombeerpflücken eingefangen, denn in den Dünen leben unzählige dieser Biester. Also: Zecken. Sonnenbaden im Naturschutzgebiet ist keine gute Idee, und wenn der Dünenwart Sie dabei erwischen sollte, wird er in seiner Gardinenpredigt nicht nur die Hege und Pflege der Randdünen erwähnen, sondern auch, wer da in den Sträuchern und Gräsern auf die nächste Mahlzeit lauert. Es kursiert die Mär von einem Kurgast, dem die Inselärztin mehr als zwanzig Exemplare aus der gebräunten Haut gezogen haben soll, an Stellen, nun ja, Zecken kennen kein Tabu.

Dass es diesen kleinen, fiesen Blutsaugern überhaupt so gut geht auf der Insel, liegt nicht nur an den unvorsichtigen Sonnenanbetern, sondern auch am Rehwild, das in den 1920er-Jahren in der Nähe des heutigen Hammersees ausgesetzt wurde, damit den Juister Jägern etwas vor die Flinte kommt. Was die ansonsten so scheuen Wildtiere nicht davon abhält, in den frühen Morgenstunden fröhlich durch das Inseldorf zu spazieren oder in den Vorgärten der Hotels und Pensionen die Zierpflanzen anzuknabbern. Laut Jägerschaft tummeln sich auf Juist derzeit über hundert Rehe.

Übrigens, den Yeti, also dieses behaarte Fabelwesen auf zwei Beinen, das bislang angeblich nur im Himalaya gesichtet wurde, also, ob Sie es glauben oder nicht, diesen Yeti … hat man auf Juist noch nicht gesichtet. Obwohl, wundern würde es mich nicht. Bei meinem nächsten Inselbesuch werde ich doch mal Ausschau halten.

Zwischen & Drin

Auf Juist gibt es vierundvierzig Straßen und Wege und Pfade, um ans Ziel zu kommen. Manche rummelig und pulsierend, manche versteckt und verschwiegen. Auf ihnen verkehren Kutschen und Fahrräder, ganz selten auch mal ein Auto. Doch zu Fuß, Schritt für Schritt, in dem uns eigenen Tempo, kommt man der Insel am nächsten. Auf Umwegen findet man Zeit für die kleinsten Details und erfährt – nein, erläuft – eine Menge über die Geschichte, die Marotten, die Dinge, die auf Juist sichtbar oder lieber verborgen bleiben sollen. Machen wir eine Entdeckungsreise? Umrunden wir die Welt? Also, ich meine natürlich: die Inselwelt …

Wir beginnen im Westen, und wer die Reiseroute direkt nachvollziehen möchte, kann das am besten mithilfe der Karte ganz hinten im Buch.

Streng genommen befinden wir uns hier außerhalb des Ortes, also weder im Dorf noch im Loog, denn die Straße gehört dem Land, nicht der Gemeinde. Selbst wenn sie auf Online-Karten als Teil der Memmertstraße bezeichnet wird und das Klärwerk, das sich auf halber Strecke befindet, im offiziellen Postverzeichnis am Wattweg verortet wird (von dem auf der Insel noch nie jemand etwas gehört hat), eine offizielle Widmung hat diese knapp vier Kilometer lange Straße im äußersten Westen nicht.

Früher ließen hier die Grafen oder Fürsten ihr Vieh auf den Salzwiesen weiden, heute werden die unbebauten Ländereien vom Domänenamt für regionale Landesentwicklung verwaltet. Die ehemals landwirtschaftlich genutzten Höfe sind inzwischen als Gaststätten – die Domäne Bill und die Domäne Loog – verpachtet und so etwas wie die Skihütten der Insel, also wunderbare Ziele nach einer ausgiebigen Tour an der frischen Luft. Glücklicherweise ohne ohrenbetäubende Schlagermusik und fiese Schnäpse.

DIE HAMMERSEESTRASSE

Am ihrem westlichen Ende liegt der Hammersee, der größte Süßwassersee auf den Ostfriesischen Inseln und Ergebnis des Zusammenspiels – oder eher Kampfs? – zwischen Meer und Mensch (siehe Kapitel »Land & Meer«).

Und am östlichen Ende steht als Tor zum Loog der klobige, verrostete, an einen Pilz erinnernde Anker. Aufgestellt hat ihn zu Beginn der 1970er-Jahre der damalige Museumsleiter

Arend W. Lang. Das Wahrzeichen dient als beliebtes Fotomotiv, zahlreiche Familien lichten sich Jahr um Jahr davor ab, die Kinder werden größer, die Eltern grauer, der Anker bleibt.

DAS HAAKS GAT

Haaks Gat bezeichnet ein altes Fahrwasser zwischen Memmert und der Kachelotplate, das inzwischen zu flach zum Befahren ist. Im September 1931 wurden die Tücken dieser Untiefen dem Motorkutter *Annemarie* zum Verhängnis. Nach tagelangem Kampf gegen die Wellen, die das festgefahrene Schiff zerschlugen, verloren fünfzehn junge Borkumer, die auf Juist ein Sportfest besucht hatten, ihr Leben. Peter Smidts Novelle *Das Kreuz von Memmert* zeichnet dieses Unglück ergreifend nach.

Am westlichen Ende, wo sich die Straße zu einem schmalen Dünenpfad verjüngt, befinden sich einige private Koppeln für Reitpferde. Die allermeisten der rund einhundert Pferde auf Juist sind jedoch Arbeitstiere, oftmals kraftvolle Kaltblüter mit möglichst ruhigem Gemüt. Denn sie müssen winters wie sommers so einiges bewegen: Müll, Bauschutt, Getränkekisten, Warenlieferungen, Kurgäste, Hochzeitspaare, Särge … Die Pferdeäpfel auf den Straßen werden in der Saison allmorgendlich zusammengefegt. Im Winter sind die Einheimischen selbst dafür zuständig, dass vor der Haustür keine Hinterlassenschaften liegen bleiben.

Die ersten Pferde auf Juist wurden bereits 1530 erwähnt. Sie lebten wild in den Dünen, ernährten sich von Kräutern und waren menschenscheu. Woher sie stammten, lässt sich nicht mehr nachvollziehen. Entweder waren es die Nachkommen schiffbrüchiger Tiere, die sich zur Insel gerettet haben. Oder das ostfriesische Herrscherhaus hatte zwecks Zucht Rösser nach Juist verschifft. Ein halbes Jahrhundert später verfügte Graf Enno III. von Ostfriesland jedenfalls über ein stattliches Töwerland-Gestüt.

Trotz aller Umstände, die mit der Autofreiheit einhergehen, haben sich die Juisterinnen und Juister stets gegen die Einführung der wesentlich unaufwendigeren Elektrokarren entschieden. Juist ohne Hufgetrappel? Undenkbar.

DIE MEMMERTSTRASSE

Wer am Ende dieser Straße die Deichdurchfahrt passiert, blickt in südwestlicher Richtung auf die achte ostfriesische Insel, den Memmert. Das Betreten des 620 Hektar umfassenden Schutzgebietes ist ohne Genehmigung strengstens untersagt, hier soll die Natur zur Ruhe kommen. Zu Beginn des 20. Jahrhunderts war das nicht der Fall, da versammelten sich Badegäste und Einheimische, um zur Belustigung Kaninchen und Vögel zusammenzuschießen und Möweneier als Souvenir mitzunehmen. Der Juister Lehrer Otto Leege, vom Gemetzel schockiert, erreichte mit einigen Mitstreitern, dass der preußische Minister für Landwirtschaft, Domänen und Forsten die Insel Memmert 1907 zur schützenswerten Vogelkolonie erklärte. Leege junior wurde 1921 der erste, ständig auf dem Eiland lebende Vogelwärter, seine Witwe hielt die Stellung und übergab das einsame Amt 1956 ihrem Schwiegersohn. Heute lebt Enno Janßen als fünfter Inselvogt neun Monate im Jahr in dem kleinen, reetgedeckten Haus und verteidigt die Natur gegen

Eindringlinge, angeschwemmte Müllberge und alles, was den rund vierzig brütenden Seevögeln gefährlich werden könnte. In seinem Buch *Der Inselvogt von Memmert* berichtet Enno Janßen von seiner einsamen, aber besonderen Aufgabe.

DER LOOGSTER PAD

Loog ist plattdeutsch und bedeutet »Dorf«. Ungefähr hundert Jahre lang, von Mitte des 17. bis zur Mitte des 18. Jahrhunderts, befand sich hier das Hauptdorf der Inselgemeinde.

Ein geschichtsträchtiger Ort, nicht nur, weil hier mit dem Mamminga- und dem Depser-Haus die ältesten Gebäude der Insel zu finden sind, sondern auch, weil in direkter Nachbarschaft das sehenswerte Küstenmuseum untergebracht ist. Dessen langjähriger Leiter Jochen Büsing, der auch informative und unterhaltsame Inselrundfahrten anbietet, hat ein Buch über seinen Juister »Kiez« geschrieben: *Im Loog: die wechselvolle Geschichte des anderen Juister Ortsteils.*

DER PIRATENPAD

»Pad« ist plattdeutsch für Pfad, und tatsächlich handelt es sich hier eher um einen Trampelpfad von der Jugendherberge vorbei an der Aussichtsplattform *Dree Water Utkiek* (»Drei Wasser Ausblick«, also mit Blick auf Watt, Hammersee und Nordsee) bis zum Strand.

Diesen Weg liefen die Schülerinnen und Schüler der *Schule*

am Meer (1925–1934) jeden Morgen, wenn sie das von April bis Oktober verpflichtende »Mystische Tauchbad« in der Nordsee nahmen. Das reformpädagogische Internat, auf dem unter anderem Beate Uhse Schülerin und Eduard Zuckmayer (Bruder von Carl Zuckmayer) Lehrer gewesen ist, verfügte über eine eigene Theaterhalle, die heutige »Inselburg« der Jugendherberge. Die zu Beginn so zuversichtliche und verschworene Lehrerschaft zerbrach im aufkommenden Nationalsozialismus, und die Schule ging bankrott, als die jüdischen Schülerinnen und Schüler gezwungenermaßen die Insel verließen. Diese bewegende Geschichte hat mich zu meinem Roman *Die Schule am Meer* inspiriert.

DIE STÖRTEBEKERSTRASSE

Vom Piratenpad zur Störtebekerstraße – das liegt nicht nur geografisch nah beieinander, denn Klaus Störtebeker war wohl der berühmteste Seeräuber der Nordseeküste. Ob er je seinen Fuß auf die Insel Juist gesetzt hat, ist nicht überliefert, genauso wenig, ob die Insulaner in grauer Vorzeit Piraterie betrieben haben. Strandpiraterie – also das Einheimsen von gestrandeten Wertsachen, ohne dem Fürsten und der Kirche einen Teil davon abzugeben – war jedoch verbreitet und wohl auch überlebenswichtig aufgrund der allgemein herrschenden Armut. Die meisten Männer gingen auf Walfang und waren von März bis November unterwegs. Die Frauen und Kinder verdienten währenddessen ein karges Zubrot mit dem Sammeln und Verkaufen von Schill, also Muschelschalen, die unter anderem zum Hausbau verwendet werden konnten.

Dort, wo die Störtebekerstraße auf die Hammerseestraße trifft, befindet sich das Zentrum dieses ruhigeren Ortsteils mit dem kleinen Schiffchenteich, dem Loogster Huus und der Teestube Loogster Stuv.

DIE BILLSTRASSE

Bill wird das westlichste Ende der Insel genannt. Der Name wurde vermutlich vom plattdeutschen »Bille« abgeleitet und ist der ausladend geschwungenen Form der Sandablagerungen geschuldet, denn Bille bedeutet Gesäßbacke.

Ungefähr in der Mitte der anderthalb Kilometer langen Straße, die vom Dorf ins Loog führt, befindet sich als einziges Gebäude zur Wattseite hin die Schwarze Bude, die heutzutage eigentlich gar nicht mehr schwarz, sondern eher dunkelrot ist. Zu Zeiten der Inselbahn war dies der Lokschuppen, heute lagert dort der Bauhof seine Materialien.

DIE SIEDLUNG

Die Siedlung sticht mit ihren niedrigen, weißen Einfamilienhäusern zwischen dem allgegenwärtigen Backstein schon von Weitem heraus. Sie wurden in den 1930ern unter dem ersten Nazi-Bürgermeister gebaut, um der Wohnungsnot entgegenzuwirken, und waren nur für die Einheimischen gedacht. Heute sind jedoch zwei Drittel davon reine Ferienhäuser. Kein Wunder, wer ein Einfamilienhaus auf dem Töwerland besitzen will, sollte mindestens eine Million lockermachen können. Zum Selbst-drin-Wohnen unerschwinglich.

Hinter der Siedlung, am Trampelpfad zum Strand, befindet sich der Schuppen, in dem im Winter die Ausrüstung der DLRG – also die Boote und Jetskis und Türme – untergebracht und wieder auf Vordermann gebracht wird.

DER GINSTERPAD

Ginster gedeiht prächtig im nährstoffarmen Sand der Dünen, seine leuchtend gelbe Farbe wird auch in der Heimathymne »Wo die Nordseewellen« besungen. Dass genau hier der Betriebshof des NLWKN (Niedersächsischer Landesbetrieb für Wasserwirtschaft, Küsten- und Naturschutz) untergebracht ist, der die Juister Ranger – also Vogel- und Dünenwarte – beschäftigt, passt gut.

Der verwunschene Schleichweg, der von der Billstraße abzweigt, führt rechts zum »Dünenkessel«. Hier trainiert und spielt die 1. Herrenfußballmannschaft des TSV Juist in ihren gelb-blauen Trikots, die einzige Juister Sporttruppe, die bis vor wenigen Jahren trotz erschwerter Lage am regelmäßigen Punktespielbetrieb teilgenommen hat. Manchmal sogar mit zwei Spielen am Tag, damit die aufwendige Anreise überhaupt lohnte. Ärgster Rivale um den Kreispokal: die Kicker der Nachbarinsel Norderney.

DER SCHOOLPAD

Am »Schulpfad« befinden sich im Dünental die Kita Schwalbennest und die Inselschule. Bis zur zehnten Klasse kann der Juister Nachwuchs im Nest bleiben. Der erweiterte Realschulabschluss als höchster auf der Insel möglicher Abschluss berechtigt zum Besuch des Gymnasiums. Doch das befindet sich auf dem Festland, also heißt es: früh flügge werden. Da die Jahrgangsstärke nur zwischen fünf und fünfzehn Kindern liegt, werden zwei, manchmal sogar drei Klassenstufen sowie Haupt- und Realschule gemeinsam unterrichtet.

Geht man am Ende der Straße hinunter an den Strand, kann man es sich in den Sommermonaten in den Liegestühlen der einzigen Strandbar gemütlich machen. Eine herrlich improvisierte Gastro-Idee, realisiert von Tommy, einem Strandkorbvermieter und waschechten Insulaner, der sich einfach mal über die allzu strengen Strandverkaufsregeln hinweggesetzt und inzwischen eine offizielle Erlaubnis hat. Mit nackten Füßen im Sand, einem Pott Kaffee, einem Bierchen oder anderen Sundowner in der Hand, den Blick direkt auf die Wasserkante gerichtet, zum Glück ohne Musik, die den Wellengang übertönen würde – nun, was soll ich sagen: So was Tolles darf wirklich nicht verboten sein!

DIE STRANDPROMENADE

Eine Insel braucht eine Strandpromenade, also einen befestigten Spazierweg, der in unmittelbarer Nähe zur Wasserkante verläuft. In Hörweite der Wellen, eigentlich auch in Sichtweite.

Doch da haben die Dünen nicht mitgespielt, die sind im Laufe der Jahre so hoch gewachsen, dass selbst ein Riese keinen Meerblick mehr hat. Andernorts war man rigoros und hat regelmäßig den Strandhafer gestutzt, damit es zu keinen weiteren Sandablagerungen kommt. Auf Juist lässt man der Natur ihren Lauf. Jedenfalls fast überall. Ob es glücklicher Fügung oder übereifrigen Gartenarbeiten zu verdanken ist, dass sich von einigen Terrassen aus dann doch der Strand erspähen lässt, vermag ich nicht zu beurteilen.

Zwischen den Aufgängen Schoolpad und Strandstraße wurden naturbewusste Lösungen gefunden, um die Aussicht zu genießen. Kleine Holztreppchen führen zu über den Dünen schwebenden Plattformen, von denen aus sich der Strand in seiner ganzen Pracht offenbart.

Ungefähr in der Mitte der rund anderthalb Kilometer langen Strandpromenade lohnt sich der Blick auf die eigenen Schuhspitzen, denn hier gleicht das Pflaster einer Patchworkdecke. Mehrere verschiedene Arten von Steinplatten wechseln sich etwas unmotiviert ab. Und das schon seit den frühen 1990er-Jahren. Damals überlegte man, die Wege auf Juist neu zu pflastern, und wollte verschiedene Muster auf ihre Witterungsbeständigkeit und Rutschfestigkeit überprüfen. Die große Karriere als Juister Gehwegplatte hat keine davon gemacht, der Plan wurde verworfen, und so flaniert man auch heute noch größtenteils über die grauen, quadratischen Dinger, auf die ich als Kind schon meine Kaugummis gespuckt habe.

Ein paar Schritte weiter, zwischen den Aufgängen Strandstraße und Herrenpfad, zerteilt eine gerade, in Bronze gegossene Linie die brüchige Pflasterung. Hier verläuft der siebte Längengrad Ost, der weiter südlich Saarbrücken, Cannes und Port Harcourt in Nigeria streift. Eine weitere Meridian-Platte wurde in den Spazierweg auf dem Wall Richtung Seezeichen eingelassen, diese musste jedoch um einige Meter versetzt zu ihrer wahren Position verortet werden, was für Streitereien zwischen den Einheimischen gesorgt hat. Wäre man allerdings exakt geblieben, läge die Markierung weiter östlich und somit ziemlich sinnlos mitten im Schlick.

DIE DELLERTSTRASSE

Dieses tiefgelegene ehemalige Weideland – der Dellert, weil einer Delle gleichend – wurde Mitte des 18. Jahrhunderts besiedelt, damals standen hier die ersten Häuser im (zu der Zeit noch) östlichen Teil der Insel.

In einem hinter Rosensträuchern versteckten Insulanerhäuschen lebten die zu Beginn des 20. Jahrhunderts in Minnesota/USA geborenen Schwestern Elisabeth und Theda Reuter. Zwei künstlerisch begabte Pastorentöchter, die der Zweite Weltkrieg nach Juist verschlagen hatte. Elisabeth, die Malerei und Grafik studiert hatte, schuf wundervolle Landschaftsaquarelle. Theda hingegen stickte Bilder, mit Vorliebe biblische Motive. Ich war ihre Zeichenschülerin und verbrachte meine Nachmittage im geduckten, mit Malerei und Wandteppichen vollgestopften Häuschen, in dem es immer Tee zu trinken gab.

Juist und die Kunst sind ebenfalls Schwestern, stets war die Insel auch Heimat für bildende Künstlerinnen und Künstler. Fritz Hafner, der als Kunstlehrer der Schule am Meer nach Juist kam, hinterließ der Inselgemeinde ein umfangreiches Werk, hauptsächlich Landschafts-, Tier- und Pflanzenskizzen. Der Grafiker Alf Depser (1899–1990) fertigte Holzstiche an, unter anderem das noch heute verwendete Inselwappen mit den zwei Sternen, drei Dünen und vier Wellen. Das prächtige Mosaik hinter dem Altar der evangelischen Inselkirche erschuf der Maler und Kunstpädagoge Fritz Herbert Gentzsch (1909–1989) gemeinsam mit seinen Schülerinnen und Schülern, es zeigt den Fischzug des Petrus. Heute kann man die Galerie von Friedrich-Karl Fäsing im Haus des Kurgastes besuchen oder sich in der Treibholz-Manufaktur des Strandgutkünstlers Tim Köhler umschauen, die von der Dellertstraße aus gesehen gleich um die Ecke liegt.

DIE SONNENSTRASSE

An dieser Stelle könnte mal erwähnt werden, dass Juist mit 1983 Sonnenstunden im Jahr 2010 der sonnigste Ort Deutschlands gewesen ist.

Entsprechend viele Warmwasseraufbereitungen und auch Fotovoltaikanlagen zieren die Juister Dächer. Die Insel arbeitet eifrig daran, innerhalb dieses Jahrzehnts klimaneutral zu werden. »Klimainsel« ist ein neuer Name, mit dem sich das Töwerland schmückt, für das Engagement wurde der Gemeinde bereits der Deutsche Nachhaltigkeitspreis verliehen. Dabei hat man hier mit besonderen Schwierigkeiten zu kämpfen: Energiegewinnung durch Windkraft, Biogas und Erdwärme sind aufgrund der Insellage nicht möglich. Das ehrgeizige Ziel wird also nur erreicht, wenn viele Haushalte Ökostrom beziehen, energieeffizient sanieren, Möglichkeiten wie Blockkraftwerke oder die eben erwähnte Sonnenenergie nutzen und den so erzeugten Strom wieder ins Juister Netz einspeisen. Das

Umweltbewusstsein in der Bevölkerung wächst, schließlich ist Juist durch den Klimawandel und die Verschmutzung der Meere noch direkter betroffen als das Festland.

AN'T DIEKSKANT

Die als Umgehungsstraße für Kutschen genutzte Strecke führt am Deichfuß – an der Deichkante – entlang am Hauptdorf vorbei. Hier dürfen die Fuhrwerke auch mal im Trab fahren, was innerorts verboten ist.

In der Mitte der Straße, an der Kreuzung zur Hafenstraße, befindet sich die Deichscharte. Bei Sturmfluten können hier schwere Metalltore vorgeschoben werden, um die Lücke zu schließen. »Die Deichscharte ist dicht« ist gleichbedeutend mit »Leute, jetzt wird es langsam ungemütlich hier«. Ein großes Mosaik gibt Auskunft über den Deichbau und die sich im Laufe der Jahrhunderte veränderten Umrisse der Insel.

DER ROSENGANG

Die Inselrose, weniger klangvoll auch als »Kartoffelrose« bezeichnet, stammt aus Ostasien und wurde vermutlich in den 1930er-Jahren von Otto Leege auf Juist angepflanzt, da sie wetterbeständig und anspruchslos ist und wegen ihres dichten Wuchses als Windfang dient. Oder als Sichtschutz, um Bunkeranlagen in den Dünen zu tarnen.

Hier lebt die Wattführerfamilie Behring. Großvater Alfred

(† 1989), Vater Heino und Sohn Ino waren bzw. sind mehr als nur naturkundliche Führer und herausragende Experten für die Entwicklungen im empfindlichen Ökosystem Wattenmeer, man kann sie zweifelsohne auch als Juister Originale bezeichnen. Keine Fernsehreportage über das Töwerland ohne Natur-Entertainer Heino, der das Kamerateam durchs matschige Watt stapfen lässt.

DIE WILHELMSTRASSE

Ich habe auf Juist immer in der Wilhelmstraße gewohnt, als Kind in der Nummer 42, als junge Frau in der 57. Auf der Hauptverkehrsstraße von Juist mit der höchsten Hausnummer der Insel (64!) muss man aufpassen. Zur Rushhour in der Hochsaison (Schiffsankunft oder -abfahrt) kann es zwischen den Fahrrädern, Kutschen und Rollkoffern schon mal eng und gefährlich werden.

Namensgeber Kaiser Wilhelm reiste eigentlich lieber nach Norderney. Wenn die Straße nach der Politprominenz benannt worden wäre, die tatsächlich schon mal die Sommerfrische auf Juist verbracht hat, hieße sie: König-Friedrich-August-III.-von-Sachsen-Straße, Ferdinand-I.-König-von-Bulgarien-Straße, Gerhard-Schröder- oder Edmund-Stoiber-Straße. Wilhelmstraße ist die derzeit einzige »großpolitische« Straßenbenennung auf Juist. Ab November 1933 sah das eine Weile anders aus, da gab es die Adolf-Hitler-Straße (heute Strandstraße), die Straße der SA (heute Mittelstraße) und die Hermann-Göring-Straße (heute Warmbadstraße), der Kurplatz hieß kurzfristig Hindenburgplatz. Der Legende nach soll der Leiter des Bauhofs in den 1930er-Jahren aus Sparsamkeit die ursprünglichen Straßenschilder aufbewahrt und nach der Kapitulation 1945 schleunigst wieder umgetauscht haben, nachzulesen in *Juist in der Stunde Null* von Karl J. Koch.

DER DAMENPFAD

Bis zum Beginn des 20. Jahrhunderts schickte es sich nicht, dass Männlein und Weiblein gemeinsam den Strand besuchen, weshalb die getrennten Strandaufgänge mehr als einen halben Kilometer voneinander entfernt lagen (siehe Herrenpfad). Hier im westlichen Dorf sah man die Damen zum Bade schreiten, oft in langen Kleidern, die erst unten am Strand mithilfe der Badefrauen abgelegt wurden.

DIE CARL-STEGMANN-STRASSE

Carl Stegmann – dieser Name ist eng verwoben mit der Reederei, die seit 1871 für den Schiffsverkehr nach Juist und Norderney verantwortlich zeichnet, heute die Aktiengesellschaft Norden-Frisia. Der ursprüngliche Apotheker und Weingroßhändler Carl Stegmann war von 1923 bis 1967 im Aufsichtsrat und Vorstand der Reederei, also während einer Zeit, in der Juist sich vom verschlafenen Inselchen zu einem Touristenmagneten mauserte. Damals schipperte man noch mit dem überschaubaren Raddampfer über das Wattenmeer, heute sind hochmoderne, für das schwierige Fahrwasser maßgeschneiderte Fähren unterwegs. Nach Juist fahren die *Frisia II, VI* und *IX* Auch heute noch werden die Geschicke von einem Stegmann geleitet – dem Urenkel Carl-Ulfert.

Im Haus mit der Nummer 1 befindet sich die Polizeistation, die im Winter mit nur einer Amtsperson besetzt ist und im Sommer Verstärkung zugeteilt bekommt. Sogar eine kleine, nur selten benutzte Gewahrsamszelle mit Pritsche gibt es dort. Wer glaubt, auf Juist gäbe es kein Straßenverkehrsrecht, irrt. Einen Sommer lang wurden sogar regelmäßig nächtliche Verkehrskontrollen auf der Promenade abgehalten. Dort ist das Radfahren verboten. Nicht funktionierende Beleuchtung kostete extra. Und wenn die Ertappten sich seltsam verhielten, durften sie ins Röhrchen blasen. So kann man tatsächlich auch auf Juist den Führerschein verlieren.

DIE FRIESENSTRASSE

Die Friesen sind bekannt für ihre Freiheitsliebe, schon im Mittelalter widersetzten sie sich der Übernahme eines Feudalsystems und schworen *Leever dood as Sklaav* (»Lieber tot, als Sklave«) zu sein. Welch schöne Symbolik, dass in der Mitte der Friesenstraße, an der Ecke zur Strandstraße, das Juister Rathaus steht. Die Kommunalpolitik wird auf Juist von zehn Ratsfrauen und -männern plus hauptamtlichem Bürgermeister betrieben.

Ein paar Schritte weiter betritt man mit den »Insellichtspielen« vielleicht eines der anheimelndsten Kleinkinos der Welt. Hier wird man während des Films bedient, sobald man das kleine Lämpchen am Tisch ausknipst. Früher wurden die großen Filmrollen mit einem eigenen Flugzeug von Insel zu

Insel verteilt, damit alle drei Tage ein neues Programm geboten werden konnte. Heute läuft natürlich alles digital.

DIE GRÄFIN-THEDA-STRASSE

Die friesische Häuptlingstochter Theda Ukena (1432–1494) war die zweite Frau des Grafen Ulrich I., der verstarb, als seine Söhne im Kindesalter waren. Also führte Theda die Geschäfte, und zwar sechzehn erfolgreiche Jahre lang. Unerbittlich soll sie gewesen sein, ihre jüngste Tochter Almuth wurde von ihr in lebenslanger Gefangenschaft gehalten, weil sie sich in den falschen Mann verliebte.

In dieser Straße gibt es gleich zwei Kunsthandwerksbetriebe nebeneinander, die sich bei ihrer Arbeit auch gern mal über die Schulter schauen lassen. In der Goldschmiede wird nach alter Tradition Filigranschmuck hergestellt und in der Töpferei werden die Tassen, Vasen und Teller auf der sich im Schaufenster drehenden Scheibe gefertigt.

DIE HAFENSTRASSE

Den Juister Hafen gibt es seit Beginn der 1980er-Jahre, hier kommen nicht nur alle Reisenden an, sondern auch der Güterverkehr, außerdem befindet sich hier der Bootshafen des Juister Segelclubs sowie das Otto-Mann-Haus, in dem die Station der Deutschen Gesellschaft zur Rettung Schiffbrüchiger untergebracht ist.

Der Juister Leuchtturm, das sogenannte Memmertfeuer, ist vielleicht einer der unehrgeizigsten Leuchttürme auf dem Globus. Er ist bloß fünfzehn Meter hoch und hat überhaupt keine Bedeutung für die Seefahrt, sein vergleichsweise funzeliges Licht strahlt zwar alle dreizehn Sekunden, jedoch lediglich zur Landseite hin. Dass er überhaupt dort steht, ist dem Engagement der Juister Fischereigenossenschaft zu verdanken, die sich zu Beginn der 1990er-Jahre dafür einsetzte, das ehemalige Leuchtfeuer der Nachbarinsel Memmert nach dem Einsturz des dortigen Leuchtturms zum Töwerland bringen zu lassen. Besteigungen sind während der Sommermonate möglich.

DIE BAHNHOFSTRASSE

Bis zur Eröffnung des Hafens im Jahr 1982 kamen die Reisenden mit der Inselbahn am kleinen Bahnhof an und mussten zur Fahrkartenkontrolle durch die Ankunftshalle gehen.

Die Bahnhofstraße ist nur einseitig bebaut, auf der westlichen Seite liegt der Kurplatz mit dem Schiffchenteich und der Konzertmuschel, dem Insel-Treffpunkt schlechthin. Bis in die 1930er-Jahre befand sich dort noch ein wenig einladendes Areal aus Selbstversorgergärten, Viehställen und Brunnen.

Dies ist der direkte Weg zum drei Kilometer breiten Hauptbadestrand und zum roten Rettungsturm mit der Nummer 2, wo sich sommertags die Strandsportlerinnen und Strandsportler versammeln. Auf einer Tafel sind die aktuellen Luft- und Wassertemperaturen sowie die Badezeiten notiert. Das Schwimmen ist nur bei auflaufendem Wasser erlaubt. Die an den DLRG-Stationen gehissten Flaggen geben zudem Auskunft, ob das Schwimmen aufgrund der Strömungsverhältnisse gefährlich (gelb) oder verboten (rot) ist.

Auf der Dünenseite der leicht bergan führenden Straße stehen in einigem Abstand voneinander vier Granitsockel, auf denen eine Bronzeskulptur etappenweise unterwegs Richtung Meer ist. Erst umfließen die Wellen die Knöchel, dann die Knie, die Hüfte – bis das androgyne Menschenwesen nur noch mit Schultern und Kopf aus dem Wasser herausschaut. *Strandläufer* heißt das Quartett, welches der Künstler Wolfgang Lamché im Auftrag des Heimatvereins geschaffen hat. Geschulte Augen werden erkennen, dass die südlichste der vier Skulpturen heraussticht. Dort begegnen sich zwei Strandläufer, einer ist gen Süden und einer gen Norden unterwegs. So richtig will sich diese Szene nicht ins Gesamtbild einfügen. Und tatsächlich entsprang sie nicht der Idee des Künstlers, sondern einem kriminellen Akt. Kurz nach der feierlichen Enthüllung der Kunstobjekte zeigte sich der Steinsockel verwaist, die bronzenen Wellen umspielten lediglich die Stelle, an der die Skulptur gewaltsam abgerissen worden war. Ob es sich um Vandalismus oder gezielten Diebstahl handelte, blieb nach erfolgloser Fahndung ungeklärt, bis mehr als ein Jahr später spielende Kinder den verschollenen Strandläufer in den Dünen wiederfanden.

In der Zwischenzeit hatte der Heimatverein jedoch schon eine Kopie anfertigen lassen. Weil nun eine kostbare Bronzefigur zu viel da war, fand diese kurzerhand Platz neben ihrem Doppelgänger.

DIE WARMBADSTRASSE

Im Alten Warmbad sind heute unter anderem Ausstellungsräume, eine Arztpraxis und das Standesamt untergebracht. Eine vom Heimatverein an der Außentreppe aufgestellte Stele erinnert an die vielen Brautpaare, die sich in den letzten zwanzig Jahren das Ja-Wort gegeben haben. Die jährlich rund 150 Trauungen werden auch auf dem Seezeichen und – einmalig in Deutschland – am Strand vorgenommen. Seit Neuestem kann man hier auch das Eheversprechen feierlich erneuern. *Ju(i)st married* – wie romantisch!

Die kleine Bronzeskulptur weiter rechts zeigt eine (meist fantasievoll in Häkelmode gekleidete) Badefrau bei ihrer Arbeit. Eine Erinnerung an die Zeit, in der hier bis in die 1970er-Jahre für die Kurgäste über eine große Pumpe Meerwasser in Wannen gelassen und auf Körpertemperatur erhitzt wurde. Das half gegen Hautkrankheiten, Gelenkschmerzen und Bronchialleiden. Und hilft immer noch, nur nennt man es heute Thalasso.

Das Schwimmbad oben auf der Düne – in meiner Kindheit ein klassisches Wellenbad mit etwas zu kaltem Wasser und Badekappenpflicht – ist heute ein Erlebnisbad mit Rutsche und Strömungskanal, Saunalandschaft und Wellnessangeboten. Gleich geblieben ist, dass das Becken mit (gereinigtem) Meerwasser gefüllt wird und die jüngsten Inselbewohnerinnen und Inselbewohner hier ihr Seepferdchen machen können.

DIE MITTELSTRASSE

Diese Straße verläuft mittig zwischen der Wilhelmstraße und der Friesen- bzw. weiter östlich der Dünenstraße. Das Ostdorf mit seinen im rechten Winkel verlaufenden, sehr schematisch wirkenden Wegen ist auf Juist das erste unter städtebaulichen Gesichtspunkten entstandene Straßennetz.

Die Inselmenschen sind gut darin, Häusern Spitznamen zu geben. So heißt das Gebäude an der Ecke zur Hellerstraße bei den Alteingesessenen »Schlüpferburg«, weil dort lange Zeit die Saisontruppe der DLRG untergebracht gewesen ist. Angeblich hingen oft die Badehosen zum Trocknen aus den Fenstern. Andere Spitznamen für Gebäude sind übrigens »Zappel« für die Gastronomie an der Strandpromenade Ecke Herrenpfad, in der sich lange Zeit die Inseldisco befand. Oder die schon erwähnte »Schwarze Bude« auf der Billstraße. Manche Reiseführer behaupten, der Wasserturm würde auf der Insel »*Dornkaatbuddel*« und der evangelische Kirchturm »Rakete« genannt, aber ich habe das noch nie wirklich jemand sagen hören, auch wenn die Ähnlichkeit in beiden Fällen unverkennbar ist.

Hellerwiesen werden die Weideflächen zur Wattseite hin genannt, die von Entwässerungsgräben durchzogen sind und Pferden und Rindern zum Grasen dienen.

Wir befinden uns hier am Januspark mit dem hübschen Ensemble alter Insulanerhäuser: Lütje Teehuus (1802), Haus Wäcken (1852), die Inselweberei (1856) und das Haus Siebje (1811), welches auch der Sitz des Juister Heimatvereins ist.

Der Park wurde nach dem Inselpastor Gerhard Otto Christoph Janus (1741–1805) benannt, dessen Petition an Friedrich den Großen aus dem Jahr 1783 das älteste bekannte Dokument der deutschen Seebädergeschichte ist. In diesem Schreiben legte der weitsichtige Gottesmann dem König das gesundheitsfördernde Potenzial der Nordsee nahe, wohl weil Janus in englischen Reiseberichten darüber gelesen hatte. Zu diesem Zeitpunkt diente der Protestant bereits elf Jahre der Juister Gemeinde, die mehr schlecht als recht vom Fischfang lebte. Das Dorf und die Kirche waren eben erst – auch dank Janus' lösungsorientiertem Handeln – an die heutige, sturmflutsichere Stelle umgezogen. Die Petition wurde übrigens nie beantwortet, man munkelt, weil der König kein Freund unruhiger Schiffsüberfahrten gewesen sei. Erstes Seebad an der Nordseeküste wurde dann 1797 die Nachbarinsel Norderney, und zwar auf Antrag des Inselvogtes Feldhausen, der zuvor auf Juist gewirkt und sich die Idee eventuell bei Janus abgeguckt hat. Vielleicht ein Grund für die auch heute noch gepflegte Rivalität zwischen den beiden Schwesterinseln. Juist musste noch mehr als vierzig Jahre auf die Ernennung zum Seebad warten.

Willy Troltenier (1899–1976), der als Lehrer und Heimatkundler mehr als dreißig Jahre die Inselgemeinschaft bereicherte, hat etwas geschafft, was alle Schreibenden sich sehnlichst wünschen: Sein herrlich unterhaltsamer Inselführer *Juist gestern und heute* wird eigentlich nur »Der Troltenier« genannt.

Als Kind war dieser Stichweg für mich die Abkürzung zum Einkaufen. Am einen Ende liegt das evangelische Pfarrhaus, in dem ich groß geworden bin (mein Zimmer war das im ersten Stock auf der Westseite links). Und am anderen Ende lag der Lebensmittelladen der seit elf Generationen hier lebenden Familie Altmanns. Deren Stammesvater Anthon Laurent Altmann (damals noch ohne »s« am Namensende) kam – höchstwahrscheinlich zwangsversetzt – 1704 auf die Insel. Ein streitbarer, aber kluger Mann, Pastor und Schulmeister in einer Person, der das als schwierig verschriene Inselvolk in einer unbequemen Zeit in Sachen Dünenschutz überzeugen konnte. Obwohl während seiner Amtszeit gleich drei Gotteshäuser bei Sturmfluten zerstört wurden, ließ er unermüdlich Sandfangzäune errichten und Strandhafer pflanzen. Die Familie hat weitere Persönlichkeiten hervorgebracht: 1861 war ein Jan Altmann der erste Obmann auf einem Juister Seenotrettungsschiff. Und zwei Generationen später wuchs mit Georg Altmann der prominenteste Seehundjäger der deutschen Nordseeküste heran, der betuchte Gesellschaften bei der – inzwischen zum Glück nicht mehr betriebenen – Jagd auf die »ungewöhnlichen Seeungeheuer« begleitete. Die jüngsten Altmanns – Laurent, wie einst der Urahn, und sein Bruder Warner – betreiben heute ein Getränkekontor in der Mittelstraße und einen kleinen Lebensmittelladen im Ostdorf.

Offiziell heißt dieser kleine Weg, der zwischen Haus Siebje und dem Teehuus bergan zum Haus des Kurgastes führt, Vogt-Meine-Pfad, benannt nach dem Mann, unter dessen Führung Juist im Jahr 1840 endlich zum Seebad erklärt wurde. Doch kaum jemand auf Juist würde mit dieser Bezeichnung etwas anzufangen wissen. Im Volksmund heißt der Pfad nur Miele-Schnellweg. Der Ursprung ist etwas makaber: In dem Haus, in dem heute die Teestube untergebracht ist, lebten damals Mutter und Tochter Rass, beide Badefrauen, die täglich über die Dünen zum Strand mussten. Die bereits erwähnte Bronzeskulptur vor dem Alten Warmbad erinnert an diese Dienstleistung, die damals den Gästen rund um die Badekultur geboten wurde, von der Ankleidehilfe über den Handtuchservice bis hin zu Gymnastik und Massage. Die Tochter Ehmine, genannt Miele, hatte bei einem Unfall ihr Bein verloren, weshalb sie den kürzeren, wenngleich auch steileren Weg durch die Dünen nahm, um schneller zu sein.

Die Lebenserinnerungen der Badefrau wurden von Medardus Bremeneck herausgebracht: *Juist, das Toewerland* – nur noch antiquarisch zu haben, aber sehr lesenswert.

Übrigens ist die Strecke in den sehr selten gewordenen schneereichen Wintern eine 1-a-Rodelbahn. Wegen der Kurven nicht ganz ungefährlich, weshalb wir sie dramatisierend »Todesbahn« tauften.

DIE HERRENSTRANDSTRASSE

Hier beginnt das Ostdorf. Gefühlt exakt an der roten Leuchttonne vor dem ehemaligen Kellergeschäft der Familie Behrends, in dem ein Dreivierteljahrhundert lang Haushaltswaren verkauft wurden. Ursprünglich Kochtöpfe aus alten Stahlhelmen, später die unglaublichsten Dinge, wenn nicht sogar alles, was man sich nur vorstellen kann: das klassisch-ostfriesische Teerosen-Service, Frostschutzmittel, Schlüsselanhänger, Bimssteine, das Juister Messer (mit und ohne Rost), Tampen, Schläuche … aber das Schönste: Es gab stets noch einen Spruch dazu, entweder handgeschrieben auf kleinen Kärtchen oder höchstpersönlich vom Ladenbesitzer gebrummelt.

DER HERRENPFAD

Hier also, im Schatten der 1909 erbauten katholischen Kirche, gingen zu »gesitteteren« Zeiten die Herren der Schöpfung in sicherer Entfernung zu den Damen an den Strand (siehe Damenpfad).

Mit ein wenig Vermessenheit könnte man behaupten, dass sich hier einmal Juists einziger Weinberg befunden hat. In den 1980er-Jahren, als der aus der Pfalz stammende katholische Priester Hubert Colling für die Juister Gemeinde »Zu den heiligen Schutzengeln« zuständig war, ließ er es sich nicht nehmen, jährlich ein Weinfest zu veranstalten. Und weil man so eine Feier nur in entsprechenden Anbaugebieten erwartet, hat er die unwirtliche Umgebung den Gepflogenheiten angepasst und optimistisch einige Weinreben rund um die Kirche gepflanzt.

Entweder wirkte da ein kleines Wunder à la Hochzeit von Kanaan, oder es wurde ein bisschen gepanscht, jedenfalls füllte das »Juister Schutzengeltröpfchen« einige wenige Flaschen. Mein Vater als evangelischer Amtsbruder erhielt auch ein Exemplar. Ich habe ihn damals gefragt, wie der Wein schmecke. An eine Antwort kann ich mich leider nicht erinnern.

DIE DÜNENSTRASSE

Auf alten Fotografien lässt sich unschwer erkennen, wie diese Straße zu ihrem Namen gekommen ist. Da führte sie als sandiger Pfad zwischen ärmlichen Hütten auf und ab.

Auf der Nordseite liegt versteckt in den Dünen der zauberhafte Weberhof, 1934 von der engagierten Erzieherin Nanna Cremer als Kunstwerkstätte und Kinderferienheim konzipiert, eine Ansammlung wunderschöner, teils reetgedeckter Gebäude.

DIE OTTO-LEEGE-STRASSE

Der Lehrer Otto Leege (1862–1951), der auch als »Vater« der Vogelinsel Memmert bezeichnet wird, hat den Umgang mit der Natur auf Juist maßgeblich geprägt, durch Vorträge für Einheimische und Kurgäste, durch praktische Inselschutzmaßnahmen und vorausschauende Landschaftspflege. Orte wie der Hammersee, das Wäldchen und die Goldfischteiche gehen auf sein Engagement zurück. Sein Urenkel, der Schriftsteller

Hardy Pundt, hat eine lesenswerte Kurzbiografie über diesen »Öko der ersten Stunde« geschrieben: *Wo viele nur Sand und Dünen sahen.*

DIE HUGO-DROSTE-STRASSE

Hugo Droste, Major a. D., war von 1907 bis 1922 Bürgermeister auf Juist. Während seiner Dienstzeit entwickelte sich die Insel zu einem modernen Seebad, sowohl der Deich- als auch der Straßenbau gingen voran, die Juister bekamen ein Elektrizitätswerk und eine zuverlässige Trinkwasserversorgung.

Am Südende der Straße kann man – wenn man denn unbedingt will – ein ganz klein bisschen Großstadtfeeling erhaschen, denn bei den Ende der 1960er-Jahre erbauten sogenannten Saling-Häusern handelt es sich um zweckmäßige Mehrfamiliengebäude, die ersten auf Juist, die große Müllcontainer im Innenhof stehen hatten und stilecht Hamburg, München, Köln, Düsseldorf, Dortmund und Hagen heißen.

DIE CIRKSENASTRASSE

Cirksena war das letzte Fürstengeschlecht Ostfrieslands, welches von Ulrich I. (1408–1466) bis Carl Edzard (1716–1744) auch die Insel Juist regierte, bevor die Preußen unter Friedrich II. die Herrschaft übernahmen.

Diese vielleicht idyllischste aller Inselstraßen führt zu den in den Dünen versteckten Tennisplätzen.

DIE ENNO-ARENDS-STRASSE

Dr. med. Enno Arends setzte sich als Inselarzt von 1892 bis 1919 für die Gesundheit der Menschen im aufstrebenden Seebad ein und schrieb Bücher über Sanddorn und die Hygiene an Kurorten. Außerdem legte er als passionierter Naturliebhaber gemeinsam mit Otto Leege die Goldfischteiche an.

Am südlichen Ende führt ein kleiner Pfad ins Zwischendeichgelände, wo sich das Bootshaus des Juister Segelclubs befindet. Hier wird im Sommer der berühmt-berüchtigte Regattaball gefeiert.

DIE KARL-WAGNER-STRASSE

Karl Wagner war Inhaber der Wuppertaler Kabelwerke. Als in den Jahren nach dem Zweiten Weltkrieg die Juister Einwohnerzahl durch Flüchtlinge aus dem Osten um das Doppelte anstieg, erwies er sich als großzügiger Spender, der dabei half, die Infrastruktur anzupassen.

Die mit knapp 500 Metern längste von Süden nach Norden führende Straße stößt am Strandaufgang auf das östliche Ende der Strandpromenade.

DIE DEICHSTRASSE

Der neue Deich im Süden der Insel wurde in den späten 1970er-Jahren fertiggestellt, auf seinem Kamm verläuft ein schmaler Spazierweg. Zuvor war der wesentlich niedrigere und kürzere Alte Deich, der sich direkt ans Inseldorf schmiegt und heute kaum noch wahrgenommen wird, der einzige Schutz gegen Sturmfluten.

Am Ende des Deiches, in einem eingezäunten Gelände, dürfen auch die Vierbeiner – nein, nicht die Pferde, in diesem Fall wirklich die Hunde – frei herumtollen. Ansonsten gilt überall auf Juist, sogar am Hundestrand, strikte Leinenpflicht.

DIE GARTENSTRASSE

Juist ist zwar eine grüne Insel, doch Nutzgärten, in denen Obst und Gemüse angebaut werden, sieht man kaum. Zum einen, weil Witterung und Bodenbeschaffenheit nicht ideal sind, zum anderen, weil gerade im Sommer die Zeit für die Gartenpflege fehlt. Der wohl schönste, aber nicht öffentliche Garten ist der Pfarrgarten, in dem ich meine Kindheit verleben durfte. Doch seit einigen Jahren gibt es auch einen Schulgarten, in dem der Juister Nachwuchs mit alten Gemüse- und Obstsorten experimentiert.

ALTER DEICHWEG

Entgegen der Namensbedeutung ist dies die neueste Straße auf Juist. Dieses Gebiet hat sich seit meinem Fortzug am meisten verändert, etliche Mehrfamilienhäuser sind entstanden, von denen die meisten (und vor allem die schönsten) als Ferienwohnungen vermietet werden. Sobald Pläne für einen neuen Hausbau oder einen umfangreicheren Umbau auf Juist bekannt werden, gibt es Gegenstimmen, Petitionen, Proteste in den sozialen Netzwerken. Es wird der Erhalt der Grünflächen gefordert und beklagt, dass das alte Juist, wie man es lieben gelernt hat, sein Gesicht verliert. Interessanterweise hört man diese Klagen aber selten aus einheimischen Mündern. Diejenigen, die sich über bauliche Veränderungen empören, sind größtenteils Gäste (nicht selten welche von der Sorte, die im Nachbarhaus der Baustelle eine Zweitwohnung besitzen, in der sie ein paar Wochen pro Jahr verweilen – dann aber bitte mit Blick ins Grüne). Oder ehemalige Inselbewohnerinnen und Inselbewohner, die die Situation wehmütig aus der Ferne betrachten. Seit Jahren schwelt ein Konflikt über die Deutungshoheit der Insel. »Das ist nicht mehr mein Juist!«, wird geklagt, die schöne alte Zeit, in der man sich in der preiswerten Frühstückspension ein Badezimmer pro Etage teilte, heraufbeschworen. Den Einheimischen wird mangelnde Sensibilität, Snobismus und Raffgier unterstellt. Dabei müsste allen, die Juist wirklich lieben, klar sein, dass es hier keinen Anspruch auf Endgültigkeit gibt. Dass Diskussionen über mein Juist, dein Juist hinfällig sind, weil unser Juist stets in Bewegung bleiben wird.

DER FRIEDHOFSWEG

Vom am Ende dieses Weges liegenden Dünenfriedhof schreibe ich im nächsten Kapitel, doch da es sich um den Weg im Leben handelt, den wir alle einmal gehen müssen, liefere ich an dieser Stelle einige diesbezügliche Zahlen aus dem Einwohnermeldeamt: Im Jahr 2020 wurden 8 Juister Kinder geboren, 16 Todesfälle wurden registriert. Die bislang älteste Juisterin war die 2015 im Alter von 106 Jahren verstorbene Angelika Brinsa. Als sie 1909 auf Juist geboren wurde, gab es noch keinen Hammersee und kaum gepflasterte Straßen, vom Hafen ganz zu schweigen. Bis zu ihrem Tod verbrachte sie die Sommermonate in ihrem kleinen Haus im Loog, fuhr mit dem Rollstuhl ihre Runden und beobachtete traurig, dass Immobilie um Immobilie an Menschen von außerhalb verkauft wurde. *»Von uns Ollen sünd ja nee meer vööl hier«*, stellte sie dann wehmütig fest.

Während der Friedhof im Dorf zur evangelischen Gemeinde gehört, unterliegt der in den Dünen der Inselgemeinde, hier werden also Verstorbene jeden Bekenntnisses bestattet. Zu meiner Zeit war Juist noch eindeutig in evangelisch-lutherischer Hand, inzwischen hat sich das – auch durch den Zuzug aus Polen – geändert.

DIE FLUGPLATZSTRASSE

Den Flugplatz am Ostende der Insel gibt es seit 1933, wenn es um die Anzahl der Starts und Landungen geht, liegt er auf Platz zwei in ganz Niedersachsen – nach der Landeshauptstadt Hannover.

Auf halber Strecke zwischen Dorf und Flugplatz thront das Ausflugslokal Wilhelmshöhe auf den Dünen, in einem Tal daneben versteckt sich ein nahezu unbekanntes Urlaubsrefugium für Königinnen in den Flitterwochen. Warum man darüber in der Regenbogenpresse nichts liest? Weil es sich um Bienenköniginnen handelt. Hobbyimker aus ganz Deutschland bringen ihre Kleinvölker – dies sind ungefähr tausend weibliche Bienen – für einige Wochen auf die Insel, wo der Belegstellenleiter bereits Drohnenvölker angesiedelt hat. Dort, im Naturschutzgebiet, dessen Betreten strengstens verboten ist, werden also Bienen miteinander verkuppelt und anschließend, nach drei Wochen Hochzeitsflug, wieder zum Festland gebracht. Dabei entstehen nicht nur neue Bienenvölker, sondern auch Gläser mit Wattfliederhonig, der besonders aromatisch schmeckt.

DER JAGUARWEG

Dieser Straßenname ist inoffiziell. Zur Zeit des Zweiten Weltkriegs befand sich in diesem Teil der nahezu unberührten Dünenlandschaft das sogenannte Jaguar-Areal, auf dem Flugabwehrgeschütze, Scheinwerferanlagen und Kasernengebäude untergebracht waren. Heute finden sich noch vereinzelte Betonreste der Bunker zwischen wuchernden Brombeersträuchern, vom Sand nahezu verschluckt.

DER OTTO-LEEGE-LEHRPFAD

Der rund einen Kilometer lange, ökologisch-künstlerische Otto-Leege-Lehrpfad führt von den Salzwiesen bis zum Strand, durchläuft also die unterschiedlichen Zonen der Juister Natur. Schautafeln, Aussichtsplattformen und Kunstinstallationen wie die Windharfe, die Wasserklangschale und der Bild-Boden ergeben ein stimmiges Gesamterlebnis, bei dem es sich zwischen den Elementen wandeln lässt.

Kommen & Gehen

inselkind
in deiner welt gibt es grenzen aus weite
die den horizont unendlich machen
und obwohl du damit lebst
dass nicht alles möglich ist
bist du freier

inselkind
in deiner welt gibt es zeiten aus kräften
die termine utopisch machen
und obwohl du damit lebst
dass der mond die uhren stellt
bist du ruhiger

so oft wenn du lachst
oder weinst und das meer salziger machst
so oft wenn du fragst
oder sprichst und die welt zu verstehen scheinst
so oft wenn du schläfst
oder aufgeweckt alles auf einmal erwartest

so oft schenkst du mir ein kleines stück
von der insel in dir

inselkind
in deiner welt gibt es reichtum aus frischer luft
die unsere taschen füllt mit energie
und obwohl du damit lebst
dass man glück nicht kaufen kann
bist du reicher

inselkind
in deiner welt gibt es lieder aus stille
die dissonanzen harmonisch machen
und obwohl du damit lebst
nie den rechten ton zu treffen
singst du schöner

Dreiundzwanzig Jahre meines Lebens gehören Juist. Zweimal bin ich gekommen und zweimal gegangen, nicht anders als Ebbe und Flut im Laufe eines Tages. Groß geworden bin ich dort und erwachsen geworden auch. Manchmal frage ich mich, welcher Mensch ich heute wäre ohne diese tiefe Prägung, die das Inselleben in der Seele hinterlässt. Egal, ob man Juist von der Wiege bis zur Bahre die Treue hält oder nur eine gewisse Zeit zwischen Dünen und Deich verbringt, etwas bleibt für immer. Etwas von dem Wissen, dass es auch ein bisschen anders laufen darf in der Welt. Ein bisschen komplizierter. Oder ein bisschen natürlicher.

Und das beginnt mit der Geburt.

Juisterin oder Juister zu sein ist relativ einfach. Wer auf dem Rathaus an der Kreuzung Strandstraße/Friesenstraße den ersten Wohnsitz anmeldet und tatsächlich auch den Großteil des Jahres auf dem Eiland verbringt, darf sich so nennen.

Insulanerin oder Insulaner hingegen ist nur, wer auf der Insel geboren wurde. Die wirklich Waschechten muss man heute mit der Lupe suchen, denn auf dem Töwerland gibt es weder Hebamme noch Gynäkologie, Brutkästen noch Kinderärzte. Sobald sich der Streifen auf dem Schwangerschaftstest positiv verfärbt, ist Organisationstalent gefragt. Auch, weil jede Vorsorgeuntersuchung einen Festlandsbesuch erforderlich macht.

Zu Beginn meiner ersten Schwangerschaft stieß ich auf noch ganz andere Unwägbarkeiten: Es war tiefster Winter, das Schiff fuhr eine Weile nicht, die Regale der Supermärkte zeigten sich entsprechend spärlich bestückt – und mich gelüstete nach Bananensplit-Eis. Dieses zu beschaffen, bedeutete für meinen damaligen Mann, der mich gern verwöhnt hätte, einen Tagesritt: Vanilleeis gab es am Kurplatz, Bananen in der Mittelstraße, Schokosauce im Lebensmittellladen mit dem bezeichnenden Namen »Speisekammer« und Schlagsahne nach langem Suchen bei der Nachbarin im Kühlschrank. Als der Eisbecher endlich appetitlich vor mir stand, aß ich drei oder vier Happen, dann wurde mir schlecht. Bananensplit? Nie wieder. Hinfort damit! Aber so ein Hotdog mit fluffigem Brötchen, Röstzwiebeln, Ketchup und Senf … hmmm. Und mein Mann schwang sich wieder aufs Fahrrad.

Naht der Geburtstermin, suchen die werdenden Eltern eine Unterkunft auf dem Festland, in einer Ferienwohnung, bei Freunden oder Familie. Möglichst in der Nähe einer Entbindungsklinik, also in Aurich, Emden oder Oldenburg. Und dann heißt es: Warten!

Bis 1977 war das anders, da konnte der Juister Nachwuchs noch im Josefsheim am Januspark das Licht der Welt erblicken.

Die ehrwürdigen Clemensschwestern, die das katholische Erholungsheim leiteten, hielten für diesen Zweck immer ein Zimmer frei. Heidi Freese, die von 1967 bis 1977 als letzte Hebamme von Juist wirkte, erinnert sich gern an diese Zeit:

»Wenn mein Telefon klingelte, weil die Wehen eingesetzt hatten – und das konnte zu jeder Tages- und Nachtzeit passieren –, brauchte ich nicht viel zu packen. Ich arbeitete mit meinem hölzernen Stethoskop. Das ist ein trichterförmiges Rohr, mit dem man die kindlichen Herztöne abhören und somit den Gesundheitszustand des Kindes und seine Lage im Mutterleib kontrollieren kann, mein einziges Instrument. Darüber hinaus vertraute ich auf mein Bauchgefühl, meine Erfahrung und meinen Verstand. Und die Frauen vertrauten mir, die Mehrzahl der Juister Kinder wurde damals auf der Insel zur Welt gebracht. Nabelschnur um den Hals oder Steißlage, nun, das passierte natürlich hin und wieder, doch wir sind entspannt damit umgegangen. Wurde es brenzlig, habe ich den Inselarzt zur Unterstützung gerufen. Zeichnete sich im Voraus schon ab, dass es wirklich riskant werden könnte, weil die Schwangere beispielsweise unter Bluthochdruck litt oder eine Blutgruppenunverträglichkeit vorlag, habe ich die Frauen an eine Klinik auf dem Festland verwiesen. Es ist immer gut gegangen. Und ich habe auf Juist fast achtzig Kindern auf die Welt geholfen.«

Mit der Flut kommt das Leben, so schwören die Einheimischen, die sich dem Diktat der Gezeiten gerne unterwerfen. Alten Weisheiten zufolge nimmt der Meeresspiegel sogar noch viel früher Einfluss auf das Leben. Demnach werden Mädchen bei Ebbe gezeugt und Jungen bei Flut. Wer bei auflaufendem Wasser geboren wird, soll reiselustig sein, wenn darüber hinaus noch Weihnachten ist, macht er oder sie später sogar das Kapitänspatent. Eine Bauernregel – nein, eher eine Fischerregel – besagt: »Bei Flut stirbt niemand, bei Ebbe wird kein Kind geboren und bei Ebbe kocht die Milch nicht über.«

Ob etwas Wahres in diesen Weisheiten steckt? Da will sich Heidi Freese auch nach fünfzig Jahren Hebammendasein nicht festlegen. Mit der Schwangerschaft geht jede Frau eine gewisse Naturverbundenheit ein, wird sensibler für die Urkräfte des Lebens. Also wartete manche Küstenfrau trotz regelmäßiger Wehen zu Hause gelassen die Flut ab, um sich dann zeitgleich mit der Hebamme auf den Weg zum Josefsheim zu machen – je nach Entfernung und Wetterlage zu Fuß, mit dem Rad oder dem Krankenwagen.

»Manchmal wurde es richtig knapp. Nie vergessen werde ich eine Geburt Anfang der 1970er-Jahre, als der Rettungswagen mit dem wüsten Schneetreiben kämpfte und die kleine Frauke um ein Haar irgendwo unterwegs zwischen Loog und Dorf geboren worden wäre. Einige Jahre später machte sich Neuinsulaner Claas ausgerechnet in einer heftigen Sturmnacht auf den Weg ins Leben, als sämtliche Einsatzfahrzeuge unterwegs waren, um Sandsäcke zu transportieren. In beiden Fällen kamen wir auf den letzten Drücker im Josefsheim an, wo die Clemensschwestern schon alles für uns vorbereitet hatten.«

Falls dort gerade sämtliche Betten belegt waren, musste ein Gast sein Quartier für die Wöchnerin räumen. Das passierte eher selten, da sich die Juister Familienplanung – wie sollte es auch anders sein – nach den Saisonzeiten richtet und Sommergeburten selten sind.

Als der Geburtstermin meines ersten Kindes auf Mitte Juli fiel, durfte ich mir einige Kommentare anhören: »In der Hochsaison? Nun, wer es sich leisten kann … Dein Mann wird dann wohl nicht dabei sein. Wer kümmert sich sonst solange um den Fahrradverleih?«

Mein Schwiegervater sprang ein, wir reisten zum Festland, die Tochter kam pünktlich und zwei Tage später waren wir wieder auf Juist. Nur für Mutterschutz und Wochenbett, Stillbegleitung und Rückbildungsgymnastik fehlte tatsächlich die Zeit. Und die Fachkraft vor Ort.

Denn Heidi Freese zog bereits 1977 ins Rheiderland, wo sie bis zu ihrem Ruhestand mehr als dreitausend Geburten begleitete. Ihre Zeit auf Juist bleibt jedoch etwas Besonderes. »Es gab auch tragische Momente, in denen ich mutige Entscheidungen treffen musste. Beispielsweise, als eine Saisonkraft unter heftigen Bauchschmerzen litt und erst kurz vor der Niederkunft gewahr wurde, dass sie schwanger war und in den Wehen lag. Die arme Frau war völlig überfordert und drohte, das Kind direkt nach der Geburt aus dem Fenster zu werfen. Ich habe das kleine Bündel Leben dann lieber mit zu mir nach Hause genommen und mich mit dem Jugendamt in Verbindung gesetzt. Soweit ich weiß, ist es anschließend zur Adoption freigegeben worden.« Jeden einzelnen Hebammeneinsatz hat Heidi Freese in einem Tagebuch festgehalten, das noch heute in ihrem Regal steht und in dem sie immer mal wieder schmökert. Die Namen der Kinder, denen sie vor mehr als einem halben Jahrhundert auf die Welt half, kann sie größtenteils auswendig: Jens von der Billstraße, Hilke aus dem Loog, Olaf aus dem Ostdorf, Kathrin aus der Friesenstraße. Heidi Freeses letztes Töwerland-Kind war 1976 der kleine Timo aus der Mittelstraße.

Seitdem kommen echte Insulanerinnen und Insulaner nur noch aus Versehen zur Welt. So im Winter 1995/1996, als die Verbindung nach Norddeich wegen Eisgangs wochenlang gekappt wurde und das Behandlungszimmer des Inselarztes als Kreißsaal herhalten musste. Ein gesundes Mädchen! Zum Glück! Jaike, eine echte Insulanerin.

Spektakulärer ging es an einem Winterabend 2002 zu, als die Frau des damaligen Inselpolizisten merkte, wie eilig ihr Nachwuchs es plötzlich hatte. Die Besatzung des Juister Seenotrettungsbootes wurde zusammengetrommelt, um die Hochschwangere und ihren Mann über die unruhige Nordsee zu bringen. Erst mal kein Grund zur Nervosität, so etwas kommt hin und wieder vor. Aber diese Überfahrt war alles andere als seicht, schlechte Sicht und hohe Wellen zwangen zur Langsamkeit, dazu kamen wenig Platz an Bord, dröhnender Lärm und der Geruch von Treibstoff und Schmieröl – mit der anheimelnden Atmosphäre einer modernen Geburtsstation hatte das wenig zu tun. Dennoch erblickte der kleine, kerngesunde Benjamin genau hier das Licht der Welt, auf dem engen Motorblock des 8,5 Meter langen und 3,1 Meter breiten, 220 PS starken Rettungsbootes *Juist* irgendwo auf dem Wattenmeer zwischen Juist und Norderney. Vielleicht nicht fachmännisch, aber beherzt entbunden von zwei Seenotrettern und dem werdenden Vater. In Benjamins Pass steht allerdings weder Juist noch Norderney noch der Längen- und Breitengrad als Geburtsort, sondern – wie in Fällen von Niederkünften auf See oder in der Luft in deutschem Hoheitsgebiet – Berlin.

Das Leben kommt. Das Leben geht. Auch dann gibt es eine Regel, nämlich: »Im Sommer wird auf Juist nicht gestorben, dazu fehlt die Zeit.« Wenn waschechte Eingeborene solche Regeln aufstellen, möchte man glauben, das Leben hielte sich daran und erteilte dem Sensenmann nur außerhalb der Hauptsaison eine Reiseerlaubnis zum Töwerland. Wenn Juister Augen sich für immer schließen, dann gefälligst in einem Monat mit »R«.

Als passionierte Friedhofspaziergängerin habe ich mir vor einigen Jahren mal die Mühe gemacht, sämtliche auf Juister

Grabsteinen vermerkte Sterbedaten zu notieren. Und siehe da: Im Sommer wird tatsächlich weniger gestorben. Verblüfft stellte ich mir vor, wie die Großmutter sich beeilt, vor den großen Ferien das Zeitliche zu segnen, damit die letzte Träne bei der Schiffsankunft der Sommergäste getrocknet ist. Oder wie der Senior seine übrigen Kräfte mobilisiert, um bis September durchzuhalten, damit auf dem Weg zum Strand keiner Leichenkutsche ausgewichen werden muss. Doch dann verriet mir die allgemeine Statistik, dass nicht nur auf Juist, sondern überall in den mittleren Breitengraden die Bestattungsunternehmen im Winter mehr zu tun haben.

Einer von diesen Bestattern ist Wolfgang Zobel, waschechter Insulaner und seit mehr als zwanzig Jahren im Dienst. Die erste Zeit nebenberuflich auf Juist, wo er jährlich zwischen zehn und zwanzig Todesfälle begleitete. Inzwischen hat er gemeinsam mit seiner Frau Insa ein traditionsreiches Beerdigungsinstitut in Norden übernommen. Sein Nachfolger auf Juist, Habbo Schwips, mit dem Wolfgang eng zusammenarbeitet, ist übrigens hauptberuflich Rettungsschwimmer am Juister Strand. Kein Widerspruch, finden beide. Das Leben auf Juist ist etwas besonders Wertvolles, das Sterben aber auch. Und die Art, wie auf Juist mit dem Tod umgegangen wird, hat Wolfgang Zobel nachhaltig beeindruckt.

»Auf der Insel geschieht das Sterben nicht anonym. Eben weil man sich hier kennt und sich im Leben so oft über den Weg gelaufen ist, werden auch die letzten Schritte gemeinsam gegangen.« Die letzten Schritte – das bedeutet zumeist, dass der Sarg von der Fähre abgeholt wird, denn die wenigsten sterben tatsächlich auf der Insel. Welch ein besonderer Moment, wenn sich die Familie, die Nachbarschaft, die Freundinnen und

Freunde im Hafen versammeln, um die endgültige Überfahrt, das Anlegen am letzten Ufer zu begleiten. Die Flaggen an Bord wehen auf halbmast. Die Leichenkutsche steht bereit, um den Sarg, der an Deck zwischen den Gepäckcontainern, den Fahrrädern und Bollerwagen steht, an Land zu ziehen. Die übliche Hafen-Hektik bleibt aus, kein Klingeln und Brüllen und Drängeln. »Familienstreitigkeiten, Unstimmigkeiten in der Nachbarschaft, all diese Stressfaktoren bleiben mal für eine Weile außen vor. Auf Juist kenne ich die Familien gut und weiß einzuschätzen, wie man im Vorfeld mit ihnen reden und wo man besondere Hilfestellung leisten muss. Das enge Miteinander einer Inselgemeinde, der direkte Draht, den man zu den Menschen hat, machte mir die Arbeit in der Hinsicht leicht.«

Mit Würde und Respekt folgen die Menschen der Kutsche, die sich auf den Weg zur Friedhofskapelle im Ostdorf begibt. Ob im Winter, wenn die Straßen leergefegt sind, oder im Sommer bei Hochbetrieb. »Als Bestatter bin ich meist mit dem Fahrrad zur Inselkirche vorausgefahren. Sobald der Trauerzug beim Friesenhof um die Ecke gebogen ist, schaltete ich die Totenglocke ein. Wohnte der oder die Verstorbene im Dorf, wurde oftmals ein kleiner Umweg gemacht, um für einen kurzen Moment vor dem Haus stehen zu bleiben, bevor es weiter Richtung Kapelle geht.« Da hat er gelebt. Da ist sie täglich zur Tür rein- und rausgegangen. Da hat sich das Leben abgespielt, welches nun zu Ende gegangen ist. »Auf dem Festland wäre das nicht möglich.«

Die historische Leichenkutsche ist wunderschön. Ein restauriertes Fuhrwerk, lackiertes Holz, mit schwarzem Samt ausgeschlagen, stets gezogen von zwei Friesenrappen, deren Fell vorher auf Hochglanz poliert wird. »Das haben wir Klaus Schmidt zu verdanken.« Der ehemalige Ratsherr hatte die Kutsche Mitte der 1990er in Polen ausfindig gemacht, sich für den Kauf eingesetzt und anschließend Gelder für die kostspielige Renovierung gesammelt. »Doch dann wurde Klaus selbst schwer krank und verstarb, bevor die Kutsche einsatzfähig war. Also haben die Männer vom Bauhof, die mich bei den Bestattungen stets tatkräftig unterstützen, das Fahrzeug entstaubt und geflickt, geölt und geschraubt. Die schlimmsten Macken haben wir schließlich mit Tüchern kaschiert. Uns war nur wichtig, dass Klaus seine letzte Reise mit diesem Gefährt machen kann, das ihm so viel bedeutet hat.« Klaus Schmidt war zeitlebens ein sehr engagierter Mensch: Inselrat, Kirchenvorstand, Postbeamter, Familienvater, Vereinskamerad, Pensionsvermieter – viele Menschen folgten seinem Sarg. »Nach seiner Beerdigung kamen innerhalb weniger Tage so viele Spenden zusammen, dass wir die Kutsche umgehend restaurieren konnten.«

Heute passiert es manchmal, erzählt Wolfgang Zobel, dass sich Kurgäste beim Rathaus melden, um sich für die wunderschöne Inszenierung zu bedanken, der sie neulich auf der Straße beiwohnen durften. Hach, diese ernsten, schwarz gekleideten Menschen, die stolzen Pferde und vor allem die prächtige Kutsche! Wenn die Beerdigung auf dem Kirchhof im Dorf stattfindet, gesellen sich oftmals Schaulustige dazu, suchen sich einen Blickwinkel, von dem aus man alles gut sehen kann, und machen Fotos. Wolfgang Zobel schüttelt darüber den Kopf, teils belustigt, teils ungläubig. »Was soll man denen sagen? Dass da wirklich jemand im Sarg liegt? Dass die Tränen echt sind? Dass eben auch in einem Urlaubsparadies gestorben wird?«

Auf Juist gibt es zwei Friedhöfe. Den einen kennt jeder, er liegt recht prominent mitten im Inseldorf rund um die evangelische Kirche, umgeben von einer roten Mauer, auf der es sich als Kind prima balancieren ließ (auch wenn die Erwachsenen das nicht gern gesehen haben). Der andere Friedhof versteckt sich in den Dünen hinter dem Ostdorf, ganz in der Nähe der Goldfischteiche. Ein friedlicher Ort. Ein Käuzchen sitzt im Baum und sorgt mit seinem Ruf für melancholische Stimmung. Kaninchen hoppeln unbeeindruckt über den Pflasterweg, der zur kleinen Backsteinkapelle führt, in der neben der Aufbahrungshalle auch ein Lager mit einer bescheidenen Auswahl an Särgen untergebracht ist, für den Fall, dass jemand auf der Insel verstirbt. Einheimische – oder Inselgäste. Denn auch das kommt vor. »Meine erste Verstorbene war eine Urlauberin, die in ihrer Ferienwohnung sehr unglücklich gestürzt ist. Ein schlimmer Anblick, da war ich mir erst nicht sicher, ob ich dem überhaupt gewachsen bin. Die Angehörigen waren fassungslos. Wer rechnet schon damit, in den Ferien mit Tod und Trauer konfrontiert zu werden? Ich habe mich dann mit dem Bestattungsunternehmen aus ihrem Heimatort in Verbindung gesetzt und die Überführung organisiert. Die Kolleginnen und Kollegen sind in solchen Fällen immer heilfroh, wenn vor Ort jemand ist, der sich mit den Besonderheiten auf der Insel auskennt und auch die bürokratischen Dinge regelt.« Und einen Sarg bereitstellen kann.

Außer dem Wind und den Wellen ist draußen auf dem Dünenfriedhof kaum etwas zu hören und der Himmel spannt sich über Leben und Tod, tröstend groß. Auf beiden Friedhöfen liegen Menschen, die ich persönlich kannte und die mich ein Stück durch mein Leben begleitet haben. Meine strenge Blockflötenlehrerin. Die Eltern meiner besten Schulfreundin.

Der Freund meines kleinen Bruders, so voller Leben, der am Tag vor meiner Hochzeit ganz plötzlich verstarb, was ich bis heute nicht fassen kann. Die Kollegin Hilke Rosenboom, Kinderbuchautorin und *Stern*-Journalistin, die gehen musste, als sie so alt war wie ich heute. Und der kleine Junge, der zur selben Zeit geboren wurde wie meine jüngere Tochter, aber nur wenige Wochen leben durfte.

Wenn ich auf meiner Heimatinsel weile und ein wenig Zeit mitgebracht habe, besuche ich die Gräber. Erinnere mich an jene, die seit meinem letzten Besuch dazugekommen sind. Die Kindergärtnerin, die sowohl mich betreut hat als auch meine Töchter, nur ihr Vorname steht dort auf dem Stein, das reicht auf der Insel.

Berühmten Juister Namen begegnet man hingegen, wenn man die Erinnerungsstätte besucht, die der Juister Heimatverein angelegt hat: Enno Arends, Fritz Hafner, Martin Luserke, C. P. Freese – ohne diese Männer wäre die Insel heute womöglich eine ganz andere …

Ich laufe an der mit Efeu umrankten Gedenkstätte vorbei, die gefallene junge Insulaner zu Helden erklärt. Familiennamen, die vertraut klingen, die mich ahnen lassen, dass der Tod damals klaffende Wunden in die Inselgemeinschaft schlug. Ich entdecke an der Kapelle die Inschrift auf dem Relief, das an Kriegsflüchtlinge, Kriegsgefangene, Kriegstote erinnert, die hier in fremder Erde liegen. *Sie kamen aus dem Feuer, sie gingen durchs Wasser, sie fanden ein Ufer.* Jene unscheinbaren, rechteckigen Steine, auf denen – wenn nicht gänzlich unbekannt – fremde Namen zu lesen sind, sind zu einem Quader zusammengefügt, der wie die Tastatur einer Schreibmaschine anmutet. Als Aufforderung, ihrer Geschichte nachzuspüren, ihnen das Gesicht wiederzugeben, das der Krieg genommen hat.

Seit einigen Jahren gibt es Stelen für die Urnen, die auf See oder in einem Grabfeld bestattet wurden. Manche der gravierten Messingschilder lassen mich wissend lächeln, liegen dort doch Menschen ganz eng nebeneinander, die zu Lebzeiten bei einer Begegnung die Straßenseite gewechselt hätten.

Und über all diesen Namen steht *Komm zu uns auf die See* geschrieben. Eine Zeile aus dem Kirchenlied, das auf Juist traditionell bei Beerdigungen und Silvester gesungen wird. Immer im Stehen. Immer mit feuchten Augen.

Wie mit grimmgem Unverstand
Wellen sich bewegen!
Nirgends Rettung, nirgends Land
vor des Sturmwinds Schlägen!
Einer ist, der in der Nacht,
Einer ist, der uns bewacht:
Christ Kyrie,
komm zu uns auf die See!

Wie vor unserm Angesicht
Mond und Sterne schwinden!
Wenn des Schiffleins Steuer bricht,
wo nun Rettung finden?
Wo sonst als nur bei dem Herrn?
Seht ihr nicht den Abendstern?
Christ Kyrie,
komm zu uns auf die See!

Einst, in meiner letzten Not,
lass mich nicht versinken!
Sollt ich von dem bittern Strom

Well auf Welle trinken,
reiche mir dann liebentbrannt,
Herr, Herr, deine Glaubenshand!
Christ Kyrie,
komm zu uns auf die See!

Nach dem Sturme fahren wir
sicher durch die Wellen,
lassen, großer Schöpfer, dir
unser Lob erschallen,
loben dich mit Herz und Mund,
loben dich zu jeder Stund.
Christ Kyrie,
ja dir gehorcht die See.

Doch ein Grab ist anders als die anderen. In ihm liegt eine Frau, die zu Lebzeiten nie einen Fuß auf das Töwerland gesetzt, womöglich überhaupt nie etwas von einer kleinen Nordseeinsel namens Juist gehört hat. Die hier niemand kannte, deren Schicksal aber dennoch mit der Insel verwoben ist. Und die man Juistine nennt.

Es war im November 2001, da lag sie am Strand. Von der Morgenflut angeschwemmt, nachdem sie eine lange Zeit von verschiedenen Strömungen durch die Nordsee getrieben worden war. Bestatter Wolfgang Zobel, der gerade auf einer Jubiläumsfeier geladen war, wurde gerufen. Auch der Inselpolizist radelte zum nass-sandigen Fundort und orderte – wie üblich bei Todesfällen mit Klärungsbedarf – als Verstärkung vom Festland den Norder Kriminaloberkommissar Scheffer an. Ein erfahrener Polizist kurz vor dem Ruhestand, der selbst in tragischen Momenten die Nerven behielt und wusste, was zu tun war. Das Wenige, was der Leichnam verriet, deutete nicht auf ein Gewaltverbrechen hin. Die verwaschenen Knochen steckten in den Resten von Kleidung, deren Markennamen verrieten, dass diese in Großbritannien gekauft worden war. Kommissar Scheffer schrieb verschiedene internationale Behörden an, ob irgendwo eine ungefähr fünfzigjährige Frau vermisst wurde, und zwar seit schätzungsweise einem Jahr. Doch es war das Jahr 2001 und die Interpol schwer beschäftigt. In den USA waren nur wenige Wochen zuvor die Twin Towers von Terroristen zum Einsturz gebracht worden. Die Anfragen des ostfriesischen Kommissars blieben unbeantwortet.

Also beerdigte man die unbekannte Frau an einem späten Herbsttag dort, wo ihre letzte Reise ein Ziel gefunden hatte: auf dem Töwerland, am Rande der Dünen, ein wolkenschwerer Himmel darüber, der dem Tageslicht Einhalt gebot. Als der Sarg in die sandige Erde hinabgelassen wurde, war dies kein einsamer Abschied. Etliche Menschen hatten sich eingefunden, berührt vom Schicksal der Fremden, deren Familie man trotz aller Bemühungen bislang nicht gefunden hatte. Juistine. Ihr Grab blieb nicht schmucklos, stets lagen dort Blumen oder kleine, aus Muscheln gelegte Bilder. Eine würdevolle letzte Ruhestätte.

Nur Kommissar Scheffer aus Norden fand keinen Frieden. Eine Frau um die fünfzig lässt ihr Leben in der Nordsee. Vielleicht ein Unfall, vielleicht Suizid, doch warum auch immer Juistine ertrunken war, dass sie von niemandem vermisst wurde, wollte er nicht glauben. Wie könnte er, der mit Leib und Seele Polizist gewesen ist, nun in Pension gehen, ohne diese Ungewissheit aus der Welt geschafft zu haben. Also forschte Scheffer weiter, auch nach Feierabend, schrieb unermüdlich die britischen, sogar die amerikanischen Kolleginnen und Kollegen an, ließ sich die Meeresströmungen berechnen, recherchierte, was es mit den Wäschezeichen der zerfetzten Kleidung auf sich hatte, involvierte die internationale Presse, das Radio, Internet. Wer kennt Juistine? Und als das Jahr 2002 schon beinahe zur Hälfte vorüber war, die Sommersonne schien, der Himmel sich blau und freundlich zeigte, da wurde seine Hartnäckigkeit endlich belohnt und Juistines Familie reiste aus Großbritannien an.

Die Fragen nach dem Wie und Wo und Warum blieben für die Inselbevölkerung unbeantwortet. Diese Wahrheiten gehören verständlicherweise der Familie. Eine Exhumierung wurde in die Wege geleitet und alles sah danach aus, als würde die Unbekannte vom Juister Strand nun noch ein weiteres Mal auf Reisen gehen, um in eine andere Erde versenkt zu werden, irgendwo an der englischen Ostküste, wo sie von der Steilküste aus ins Meer gestürzt war, vor wenigen Monaten erst, da hatte sich die rechtsmedizinische Schätzung vertan. Doch als die Hinterbliebenen auf dem kleinen Dünenfriedhof standen, gemeinsam mit Kommissar Scheffer und Bestatter Zobel, und die Blumen sahen, die Muschelmosaike, als sie erfuhren, dass man der Verstorbenen einen liebevollen Namen gegeben hatte, da wollten sie Juistine den Frieden lassen. Dort im Ostdorf in der Nähe der Goldfischteiche, wo die Kaninchen unbeeindruckt den Pflasterweg kreuzen. Und der Ruf eines Käuzchens im Baum für melancholische Stimmung sorgt.

Leib & Seele

Der Frühlingsanfang auf Juist raucht, flackert und riecht. Seine Farben sind Rot, Orange und Gelb. Er besteht aus aufgetürmtem Holz, welches aus Gärten, von Baustellen und auch aus Einbauschränken stammt. Heiß legt er sich einem auf das Gesicht, zwickt in den Augen und steigt in die Nase. Man hört ihn knacken und bersten, manchmal auch ächzen, als bereite es ihm Mühe, sich gegen den Winter zu stellen.

Dabei baumelt der Winter, in Lumpen gekleidet, längst hilflos am Galgen. Flammen lecken an den Hosenbeinen, steigen höher, setzen die Gestalt gänzlich in Brand. Erst wenn das Seil nachgibt und reißt, wenn der Winter fällt und Funken stieben, wo er aufgetroffen ist, erst dann ist er wirklich vorbei.

Die Menschen klatschen und jubeln. Ihr Lachen ist rot, orange und gelb. Endlich Frühling.

Am nächsten Tag geht die Sonne über der Insel auf und dort, wo das Osterfeuer brannte – im Dorf beim Memmertfeuer, im Loog neben der Domäne –, bleibt ein rußschwarzer, kreisrunder Fleck auf dem Deichgras zurück. Bis in den Sommer hinein wird man diese Narbe noch sehen können. Da ist der Brandgeruch längst aus unseren Kleidern gewichen.

Traditionen, das sind skurrile Verrichtungen, denen man in seiner Heimat ganz selbstverständlich nachgeht. Mahlzeiten mit viel Cholesterin in rauen Mengen zu sich nehmen, zum Beispiel. Oder undurchsichtigen Sportarten bei Wind und Wetter frönen. Irreführung, Glücksspiel, Diebstahl, Brandstiftung – alles erlaubt auf Juist, zumindest an besonderen Tagen im Jahr. Und unter Einhaltung hochkomplexer Regeln.

Erst wenn ich in der Fremde von diesen Unternehmungen erzähle und das Gegenüber die Stirn krauszieht oder die Augenbrauen hoch, mehrfach Dinge sagt wie »Jetzt willst du mich aber auf den Arm nehmen« oder »Davon hab ich ja noch nie gehört«, erst dann wird mir klar, wie archaisch diese Bräuche anmuten, wie sehr sie aus der Zeit zu fallen scheinen.

Dann wünsche ich mir Menschen an meiner Seite, die dieselben Wurzeln haben, die keine Miene verziehen, wenn ich vom Boßeln, von Bohntjesopp oder Maibäumen erzähle. Die sofort wissen, was ich meine, mit denen ich Erinnerungen tauschen kann wie eine kostbare, zeitlose Währung.

Schon immer war es mein Ziel, einmal Grünkohlkönigin zu sein! Sandra, die Satte. Gekrönt von einem Kranz aus abgerupften Strünken, die bekleckerte Serviette noch im Ausschnitt, ein wenig Griebenfett am Kinn, so würde es aussehen, mein royales Porträt.

Sobald die ersten Nachtfröste über die sogenannte Ostfriesenpalme gegangen sind, wird der Kohl geerntet. Die krausen, dunkelgrünen Blätter werden von den dicken Ästen gezupft, klein gehackt, mit Zwiebeln und Schmalz angeschmort, mit Wasser aufgefüllt, mit Salz und Pfeffer abgeschmeckt, mit Hafergrütze gebunden, lecker! Eine Kopfkissenfüllung im rohen Zustand verfällt während des stundenlangen Garens zu einer

Mahlzeit für sechs (hungrige) Personen. Salzkartoffeln extra. Kassler, Bauchspeck, Grieben und vor allem Pinkel (eine fast schon vegan anmutende Grützwurst, an der sich die Geister scheiden) werden dazu serviert.

Doch die Zubereitung ist bloß der erste Schritt Richtung Grünkohl-Thron. Wer sich dieses Platzes als würdig erweisen will, muss vor allem eins: essen. Lange essen (die Jury schaut genau, wer zuerst die Gabel ergreift und sie zuletzt aus der Hand legt), viel essen (die Jury führt Protokoll, wer sich wie oft nachnimmt) und effizient essen (mitunter wird man von der Jury gewogen, und zwar davor und danach, die Differenz ist der Wert, auf den es ankommt). Leider ist mein Haupt noch immer ungekrönt. Obwohl ich Grünkohl liebe. Genau wie meine Kinder ihn lieben. Meine Große hat sich das ostfriesische Nationalgericht stets als Geburtstagsessen gewünscht. Einziges Problem: Sie wurde im Hochsommer geboren. Und Grünkohl im Juli bei über zwanzig Grad im Schatten, nein, da muss selbst ich passen.

Diese ganze Grünkohlesserei findet natürlich ausschließlich im Winter statt und würde ungesund auf die Hüften schlagen, wäre sie nicht mit einer ausgiebigen Boßeltour an der frischen Luft verknüpft. Dies ist die mehr auf Vergnügen als auf Leistung angelegte Variante des durchaus ernst zu nehmenden ostfriesischen Nationalsports. Auf Juist gibt es nur zwei geeignete Wege, links oder rechts, West oder Ost, Richtung Flugplatz oder Richtung Bill. Alle anderen Straßen sind zu kurz oder zu stark befahren, denn beim Boßeln geht es darum, eine schwere Kugel – aus Holz oder Hartgummi, mit einem Metallkern versehen – durch einen geschickten Wurf so weit wie möglich rollen zu lassen. Dabei müssen die Beschaffenheit der Pflasterung, eventuelle Schlaglöcher, Kurven, Steigungen und Gefälle schon mit eingerechnet werden. Und es gilt zu verhindern, dass die Kugel am Ende im parallel verlaufenden Entwässerungsgraben landet, weil man dann mit dem sogenannten Kraber (einem kleinen Auffangkörbchen am Besenstiel) im Trüben fischt. Nicht immer mit Erfolg, weshalb erfahrene Boßlertruppen stets eine Ersatzkugel dabeihaben. Zwei Mannschaften treten gegeneinander an im Bestreben, sich zu überrunden, denn das bringt dann einen Punkt, präziser: einen Schoet. Es tut mir leid, die diffizilen Regeln überfordern mich, solange ich nicht mindestens einen Schnaps getrunken habe. Der gehört bei einer geselligen Boßeltour dazu. Wer gerade nicht werfen muss, zieht deswegen den Bollerwagen, in dem der hochprozentige Proviant transportiert wird. Und beim Rückweg dann die königliche Grünkohlhoheit, die doch ein bisschen zu viel des Guten gefuttert oder gebechert hat.

Hier in Berlin soll es Gerüchten zufolge einige Exil-Ostfriesinnen und -Ostfriesen geben, die sich im Winter auf dem Tempelhofer Feld zum Boßeln treffen. Ich hab mich noch nicht dorthin getraut. Weniger, weil es mich vor dem Werfen graut (Ballspiele jedweder Art sind definitiv nicht für mich erfunden worden), sondern mehr vor dem Berliner Grünkohl. Der schmeckt nicht. Jedenfalls nicht so, dass ich Ambitionen verspüre, in der Hauptstadt amtierende Grünkohlkönigin zu werden.

So wie mir auch für immer verwehrt bleiben wird, Maikönigin zu sein.

Wenn am Vorabend des ersten Mai auf dem Kurplatz zwischen Hyazinthen und Narzissen der gigantische Maibaum aufgestellt wird, von dessen Krone Bänder in den Juister Farben Blau, Weiß, Gelb flattern, versammelt sich die Inselgemeinschaft zu einem der ältesten Bräuche, den es natürlich nicht nur auf Juist, sondern in ganz Norddeutschland gibt.

Das Juister Mai-Fest beginnt mit einer Prozession vom Deichhotel Rose (ehemals Hotel Westend), die einer geschmückten Kutsche folgt, in welcher die Maikönigin und ihr Hofstaat sitzen und Queen-Elizabeth-mäßig winken. Am Kurplatz angekommen, läuft Ihre Hoheit würdevoll durch ein Spalier und wird vom Vorstand des Heimatvereins persönlich interviewt, danach spielt zu ihren Ehren der Musikverein, die »Hupfdohlen« tanzen, der Shantychor singt. Mehr Huldigung geht auf Juist quasi nicht.

Bis in die 1980er-Jahre wurde die Maikönigin aus den Mädchen der sechsten Schulklasse gewählt. Doch als ich in der Fünften war, es also nur noch ein Jahr dauerte, bis ich endlich, endlich die Chance gehabt hätte, Maikönigin zu werden, da waren die Mädchen in der Klasse über mir plötzlich zu cool für so 'nen Scheiß. Keine wollte Königin sein. Unfassbar! Also wurde prompt eine Neuregelung beschlossen, nach der von nun an immer das älteste Mädchen aus dem Kindergarten die Maikrone aufsetzen durfte. Und ich schaute in die Röhre. Obwohl, ganz sicher bin ich nicht, ob es mir ein Jahr später nicht vielleicht auch schon zu peinlich gewesen wäre.

Meine Große – ja, sie kommt in vielen Dingen ganz nach ihrer Mutter – hatte übrigens denselben Traum. Aber sie wurde, wie bereits erwähnt, im Sommer geboren, ist also ein sogenanntes Kann-Kind. In unseren Abwägungen, ob sie früh oder spät eingeschult werden soll, brachte sie ernsthaft das Argument vor, ein ganzes Jahr länger den Kindergarten besuchen zu wollen, nur um dann die Älteste zu sein und somit, hach, Maikönigin. Wir haben anders entschieden. Obwohl der Titel »Maiköniginnenmutter« mich gereizt hätte.

So ein Maibaum ist schön anzusehen – und zwar nicht nur im Dorf, sondern auch vor dem Haus des Gastes im Loog und in etlichen Juister Vorgärten. Er verbreitet einen Wonnemonat lang Frühlingsgefühle.

Es sei denn, er wird geklaut. So geschehen auf Juist anno 1968. Ein schändliches Verbrechen, das auch nach Jahren nicht vergeben und vergessen ist. Die Norddeicher waren die Übeltäter. Hinterhältig und keinen Aufwand scheuend sind sie mit einem Fischkutter über das nächtliche Wattenmeer geschippert, bewaffnet mit einem Spaten. Denn mehr braucht es nicht, will man einen Maibaum stehlen. Gut, man muss selbst im Besitz eines solchen sein und darf nicht im selben Ort wohnen, zudem ist die Tatzeit beschränkt, nur zwischen dem Aufstellen des Maibaums bis sechs Uhr des nächsten Morgens wird zugeschlagen. Oder besser: gestochen. Es reicht nämlich aus, dreimal mit dem Spaten in die Erde zu stechen, die den Stamm umgibt. Zack, zack, zack, schon wechselt der Maibaum den Besitzer!

Eigentlich gibt es einen eigenen Wachtrupp, der dieses Manöver verhindern kann, indem er dafür sorgt, dass bis zum Morgengrauen immer mindestens eine Juister Hand den Maibaum berührt. Diese Aufgabe übernimmt in jedem Jahr ein anderer Verein, in der Schicksalsnacht 1968 taten die Männer und Frauen des Schützenvereins ihren Dienst, erlagen jedoch leider der Müdigkeit sowie dem Irrglauben, auf einer Insel werde nichts geklaut. Denn wer kommt schon unbemerkt hier rüber? Nun, die Norddeicher eben. Welch eine Schande.

Allerdings haben die Juister selbst auch einen erfolgreichen Raubzug begangen und 1986 Langeoog um einen Maibaum ärmer gemacht. In jenem Jahr standen dann also zwei Bäume auf unserem Kurplatz (und zugegeben: Der geklaute war um einiges prächtiger als unser dürres Ding), bis die Abgesandten aus Langeoog kamen, um den ihren mit ein paar Fässern Bier auszulösen. Die dann natürlich gemeinsam geleert wurden. Mit Bratwurst vom Grill.

Eine andere kulinarische Tradition, die *Bohntjesopp*, hat meine liebe Großmutter einmal fast das Leben gekostet. Es war im Februar 1977, als meine Familie nach Juist gezogen ist. Einen Pfarrhaushalt mit drei Kindern von Südniedersachsen nach Juist umzusiedeln, und das im tiefsten Winter, war schon ein Abenteuer für sich. Deswegen hatten meine schwäbischen Großeltern ihre Mithilfe angeboten. Zum Glück hatten die Insulaner uns bei der Ankunft eine ordentliche *Bohntjesopp* versprochen. Das sei so Tradition, um jemanden in der Gemeinschaft zu begrüßen. Erwartet man beispielsweise Nachwuchs, wird die *Bohntjesopp* schon ein paar Wochen vor dem Geburtstermin angesetzt, damit sie bis zur Niederkunft gut durchgezogen ist.

Meine Oma, die sich sonst eher mit Maultaschen, Spätzle und Dampfnudeln auskannte, war gespannt, was für eine besondere Mahlzeit das wohl ergibt, wenn man Bohnen so lange herumstehen lässt. Aber sie war zuversichtlich, dass auch die Norddeutschen etwas vom Kochen verstehen, und hat während der Schiffsüberfahrt brav auf Zwischenmahlzeiten wie Bockwurst mit Kartoffelsalat verzichtet, um sich ja nicht den Appetit zu verderben. Entsprechend schob sie, als wir endlich bei Dunkelheit und Nebel in unserem neuen Heim ankamen, ziemlichen Kohldampf. Der Kirchenvorstand hatte sein Versprechen gehalten, doch es roch weder nach Eintopf noch standen Teller und Löffel und Maggi auf dem Tisch. Stattdessen eine Porzellanschale mit einer Art Bowle darin. *»Bohntjesopp!«*, präsentierte der Kirchenvorsteher stolz. »Die heißt so, weil die vollgesogenen Rosinen ähnlich aussehen wie Hülsenfrüchte.«

»Na, dann geben Sie meiner Frau ruhig großzügig von der Einlage«, bat mein Opa. »Sie ist ziemlich ausgehungert.«

Süß schmeckte der Trank und auch ein bisschen scharf. Man muss dazusagen, dass meine Oma grundsätzlich keinen Alkohol anrührte. Wein, Bier und Schnaps hat sie nie etwas abgewinnen können. Woher sollte sie also wissen, dass die Flüssigkeit um und in den prallen Rosinen hochprozentiger Branntwein war? Mit jeder Menge aufgelöstem Kandiszucker dazu. Das ist ja das Fiese an der *Bohntjesopp*: Die schmeckt sehr lecker und sehr, sehr ungefährlich.

Es heißt, wenn ein Neugeborenes bei der sogenannten »Puppvisit« von Freunden und Nachbarn begrüßt wurde, hätten die Wöchnerinnen früher gern ein Gläschen mehr von dem Zeug getrunken, weil der Säugling dann nach der nächsten Brustlegung besonders tief und fest geschlafen hat.

Nun, wir mussten an diesem ersten Abend auf Juist direkt den Arzt kommen lassen. Meiner Oma ging es gar nicht gut. Die *Bohntjesopp* hat ihr den ersten und letzten Vollrausch ihres Lebens verschafft. Von da an hat meine Familie vorher im Rezeptbuch nachgeschlagen, wenn wir von Einheimischen zum Essen eingeladen wurden. Denn wer weiß schon aus dem Stegreif, was serviert wird, wenn *Sniertjebraa, Rullekes, Speckendicken* und *Knüppeltorte* auf der Speisekarte stehen?

Andere Leckereien wie *Pümmelwurst, Prüllkers* oder Matjes lassen sich am Vorabend von *Sünnerklaas* (plattdeutsch für Nikolaus) beim Glücksspiel ergattern. Am fünften Dezember verwandelt sich das Hafenrestaurant für ein paar Stunden in Klein-Las Vegas. Nur ohne Glamour und Firlefanz à la Siegfried & Roy, denn bei der traditionellen Verknobelung geht es eher rustikal zu. Auf dem großen Holztisch am Eingang stapeln sich die ausgelobten Preise: Neben Süßigkeiten, Gebäck, Wurst und Eingelegtem sind dies auch gerupfte Hühner, Gänse, Fasanen und Puten, große Schinken oder küchenfertige Kaninchen. Sobald die Sonne untergegangen ist, trifft man sich dort, bildet spontane Spielgemeinschaften, legt Kleingeld zusammen und erwirbt damit einen der ausgestellten Preise. Dann kreist der Würfelbecher. Wer die meisten Punkte hat, gewinnt. Alternativ: wer die wenigsten Punkte hat. Wem das zu simpel ist oder zu schnell geht – schließlich will man beim Knobeln auch ein oder zwei Bierchen trinken: Man kann auch beim Schweinetreiben, Schummeln oder der Doppelten Filzlaus gegeneinander antreten.

Die Preise, zumindest die, die nicht vorher in den Ofen geschoben werden müssen, werden nicht selten schon während der nächsten Spielrunde gemeinsam verputzt.

Die Verknobelung geht auf einen alten Seefahrerbrauch zurück, dem germanischen Gott der Stürme – Wotan – gewidmet. Zu Zeiten, als die Insulaner ihren Lebensunterhalt noch mit dem Walfang verdienten, kamen die Männer nach vielen Monaten auf hoher See ungefähr Anfang Dezember zu ihren Familien zurück und verteilten einen kleinen Teil ihres Fangs an die Bevölkerung. Später löste der Nikolaus seinen heidnischen Vorgänger als Schutzheiliger der Seefahrt ab, der Brauch aber blieb.

Überhaupt hatte *Sünnerklaas* an der Nordseeküste bis zur Reformation einen viel höheren Stellenwert als das wenige Wochen später stattfindende Weihnachtsfest. Auch heute noch besucht der Nikolaus am 6. Dezember die Insel Juist höchstpersönlich. Er holt am Vormittag die Schul- und Kindergartenkinder ab, die alles stehen und liegen lassen, um dem bärtigen Mann im roten Mantel, der in einer geschmückten Kutsche sitzt, zu folgen. Schön brav, ohne Trödeln und Krakeelen, denn neben dem Nikolaus hat dessen Knecht Ruprecht Platz genommen, und der trägt bekanntermaßen seine gefürchtete Rute mit sich. Nach einem kleinen Abstecher zum Rathaus, wo der Bürgermeister abgeholt wird, ist der Vorplatz des alten Bahnhofs die Endstation.

Hier schwingt der Nikolaus nun seine Reden, erinnert an die Verfehlungen der Insulaner, und zwar der kleinen und der großen, lässt sich als Wiedergutmachung ein paar Nikolauslieder singen und drückt am Ende ein Auge zu – und jedem Kind einen frisch gebackenen Stutenkerl (ein Hefegebäck in Form eines Männchens, mit Rosinen als Augen und einer kleinen Pfeife aus Gips im Mund) in die Hand.

Früher war er deutlich härter drauf, der Nikolaus. Als ich noch zur Schule ging, wurden wir auf die Kutsche gerufen, um Gedichte vorzutragen, und zwar fehlerlos. Außerdem bekamen auf Empfehlung der Lehrerschaft einige der schlimmsten Rabauken tatsächlich die Rute zu spüren und es sind ein paar Tränen geflossen. Aber dann müssen Nikolaus und Knecht Ruprecht wohl den Sommer über mal einen Weiterbildungskurs in Pädagogik besucht haben, denn als meine Kinder so weit waren, befürchteten sie statt der Rute allerhöchstens noch einen erhobenen Zeigefinger.

Einige Wochen vor dem Nikolausfest findet das Martini-Singen statt. In Gedenken an Luthers Geburtstag laufen die Juister Kinder am 10. November verkleidet und mit Laternen ausgestattet von Haus zu Haus, um Lieder zu singen und Süßigkeiten zu sammeln. Also wie Halloween, nur viel, viel schöner.

Bis zu hundert Mal haben wir pro Abend gesungen, vorzugsweise diesen Gassenhauer:

> Vor reichlich vierhundert Jahren am heiligen Martinstag
> ist Martin Luther geboren von dem man singen mag.
> Er selbst ein kräftiger Sänger, er sang vor jeder Tür.
> Die Leute zu begrüßen, wie wir es tun auch hier.

1983 hat mein Vater uns dann im Gottesdienst, der so etwas wie der Startschuss für das Martini-Singen war, eingeschärft, die erste Zeile zu aktualisieren in: »Heute vor fünfhundert Jahren …« Und dann ab 1984: »Vor über fünfhundert Jahren …«

Geschmettert, gesäuselt, mehrstimmig, schief, mit und ohne Stimmbruchkieksern, denn auch die lässigsten Jungs, die sonst im Musikunterricht beim Singen den Mund nicht aufkriegen, legten für einen Schokoriegel alle Hemmungen ab.

Einige strategische Punkte galt es an Martini auf jeden Fall anzulaufen. Bei Sparkasse, Volksbank und OLB gab es Taschenkalender und Stifte, bei Fleischerei Runge eine Bockwurst auf die Hand, und bei Foto Brunke wurden professionelle Bilder gemacht, die heute noch in unzähligen Juister Alben als Erinnerung kleben. Es sprach sich zudem schnell herum, in welchem Laden es eine ganze Tafel Schokolade gab oder sogar ein Überraschungsei. Wer den weiten Weg nicht scheute, lief ganz ans Ende des Ostdorfes, wo im altengerechten Wohnprojekt Haus Eckart die Inselsenioren auf den bunt gekleideten Besuch warteten. Zwar bestand die Ausbeute dort aus Äpfeln, Mandarinen und Nüssen, war also eigentlich viel zu gesund für unseren Geschmack, mit einer Tasse heißer Schokolade ließen wir Kinder uns aber gern zu einer längeren Rast überreden.

Doch es gab einen Ort, der mit tiefer Furcht verbunden war.

»Seid ihr schon in der Alten Schule gewesen?«, lautete die Frage, wenn wir unterwegs andere Sängergruppen trafen. »Wir haben uns noch nicht getraut«, war oft die Antwort. Denn dort, im mit wenigen Kerzen spärlich beleuchteten, durch verbrauchte Luft ganz dunstigen Dorfgemeinschaftsraum, versammelte sich das Schulkollegium zur Teestunde, um sich vorsingen zu lassen. Diese Zusammenkunft der Lehrerschaft außerhalb der Inselschule erschien uns widernatürlich – seit wann hatten die denn ein Privatleben? Blöderweise ereilte uns schon auf den Stufen zur Eingangstür meist eine üble Kicherattacke, die das Singen erschwerte und so lange anhielt, bis der Schuldirektor die Orange (es waren immer Orangen) in den Sammelsack gesteckt hatte. Wer dort in der Alten Schule auf Plattdeutsch sang, bekam als Belohnung übrigens gleich zwei. Doch was, fragten wir uns, soll man um Himmels willen mit zwei Orangen?

Mien lüttje Lateern,
ik hebb di so geern.
Du danzt dör de Straten,
du kannst dat neet laten,
ik mutt mit di lopen,
mutt singen un ropen:
Mien lüttje Lateern,
ik hebb di so geern.

Apropos: Plattdeutsch spreche ich leider nicht. Bestenfalls plattgehauenes Hochdeutsch. Das reicht zwar, um in Berlin zu beeindrucken, ist aber meilenweit entfernt von dieser wunderschönen niederdeutschen Sprache, die die Küstenbewohner eint.

Das ostfriesische Platt klingt ein bisschen so, als habe man den Mund zu voll genommen. Schroff und rau, mit wenig klaren Vokalen, das »R« rollt wie ein Traktor über den Gaumen. Anders als im nasalen Nordfriesland sagt man hier zu »sprechen« nicht »schnacken«, sondern »proten«, zu »heute« nicht »hüüt«, sondern »vandaag« und zu Mädchen nicht »Deern«, sondern »Wicht«. Auch ssstolpert man nicht über den sssspitzen Sssstein wie die Hamburger und sagt nur einmal kurz und knapp »Moin«. Den Gästen wird schon bei der Anreise mehr oder weniger eingebläut, dass ein »Moin, Moin« oder womöglich ein »Guten Moin« ein absolutes No-Go ist.

Leider war in den 1970er- und 1980er-Jahren Plattdeutsch zu Unrecht als altmodisch und bildungsfern verpönt und ist dadurch fast in Vergessenheit geraten. Aber da will man *nu de Kaar ut de Sloot up de Wall kreegen* (also den Fehler wieder rückgängig machen), indem Plattdeutsch-Sprachkurse und -Gesprächsrunden angeboten, plattdeutsche Bücher veröffentlicht, plattdeutsche Predigten gehalten, Lieder gesungen, Kolumnen geschrieben werden.

In den 1990er-Jahren lebte eine kurdische Familie auf Juist und wartete auf die Anerkennung ihres Asylantrags. Die Kinder gingen zur Inselschule, spielten beim TSV Juist Fußball, engagierten sich in der Jugendfeuerwehr. Doch als die Abschiebung drohte, war eines der überzeugenden Argumente ihrer Integration, dass die Kinder inzwischen Plattdeutsch sprachen. Die Familie durfte bleiben.

Alltagstauglichkeit ist die Stärke der ostfriesischen Sprache, in ihrer Direktheit und Sprachmelodie klingt etwas unwiderstehlich Zeitloses mit. Lesen Sie mal laut: *»Good, dat dat Weed net weet, dar Weed Weed is«* (»Wie gut, dass Unkraut nicht weiß, dass es Unkraut ist«) oder *»Wat för'n Weer weer, krupt unner d'Döör dör«* (»Was für ein Wetter, kommt raus«). Schön, oder? Staubtrockene hochdeutsche Lebensweisheiten kleiden sich auf Platt im maritimen Gewand: »*Man mutt de Aal neet bi de Steert anfaten, wenn man hum holen will*« (»Man sollte den Aal nicht am Schwanz anfassen, wenn man ihn fangen will« für »Man muss eine Sache vernünftig angehen«) oder »*De Wind weiht wohl dicke Sandbargen binanner, man keen Goldbargen*« (»Der Wind weht dicke Sandberge zusammen, aber keine Berge aus Gold« für »Von nichts kommt nichts«).

Über den allseits bekannten plattdeutschen Spruch »*Dree is Ostfreesenrecht*« komme ich nun zu meiner absoluten Lieblingstradition, der Teezeremonie. Und das, obwohl meine Eltern eher Kaffeetrinker sind. Damit habe ich immer gehadert, denn beim Kaffeetrinken geht es um große Becher, um viel Koffein, in den letzten Jahren kamen noch die ganzen Zubereitungsdogmen verkomplizierend dazu, Filter versus Vollautomat, von Latte macchiato ganz zu schweigen. Von diesen ausufernden Entwicklungen ist der klassische Ostfriesentee zum Glück unberührt geblieben, man trinkt ihn noch immer so wie vor hundert Jahren. Schön stark, schön süß, schön sahnig.

Drei sind Ostfriesenrecht, also drei Tassen, wobei diese sehr klein sind, dreimal genippt, schon wieder leer. Mit all den plüschigen Regeln, in welcher Reihenfolge man den knisternden Kandis und die Sahnewolke zuzufügen hat, und dem allgemeinen Umrührverbot halte ich mich nicht lange auf, das steht nun wirklich in jedem Reiseführer. Außerdem schmeckt mir der Tee ordentlich umgerührt viel besser, und ich benutze sogar fettarme Milch, aber kein Ostfriese hat je deswegen gemeckert.

Auch will ich keinen Vortrag halten über die Teemischung, wie viel Assam und Darjeeling, ob aus Sri Lanka, Sumatra oder

Java, ob Bünting, Thiele oder Onno Behrends, Broken- oder Blattmischung, nein, das ist Geschmackssache und außerdem nur die eine Komponente, aus der Tee zubereitet wird. Die andere ist: das Wasser! Und das ist nach meiner Überzeugung nirgends auf der Welt so perfekt für die Teezubereitung geeignet wie auf Juist!

Schon allein die Tatsache, dass es aus einer Süßwasserlinse stammt, klingt lecker. Dabei handelt es sich um das Regenwasser, das durch die Insel hindurchgesickert ist und, filtriert von Sand, Humus und Torf, schließlich wie eine Linse auf dem durch seine höhere Dichte schwereren Salzwasser schwimmt. Damit erklärt sich auch die leicht gelbliche Färbung des Juister Trinkwassers, die in den letzten Jahren durch eine brandneue Ozon-Biofiltrationsanlage etwas verringert wurde. Irritierend mag für manche Teefans auch die feine, in Regenbogenfarben schimmernde Schicht sein, die sich kurz nach dem Eingießen auf der Oberfläche bildet. Dabei handelt es sich um eine chemische Reaktion, die aus der Verbindung des stark kalkhaltigen Juister Wassers mit den im Schwarztee befindlichen Gerbstoffen resultiert. Man könnte das wegfiltern, aber für mich wäre es nicht dasselbe. Das mineralische Nass aus den Juister Wasserhähnen gibt – zumindest nach meinem Geschmack – dem Ostfriesentee den richtigen Kick. Ob es deshalb das teuerste Trinkwasser in ganz Niedersachsen ist, quasi der Champagner unter den Gänseweinen, bleibt dahingestellt. Ich erinnere mich nur, dass damals, als die Schulzeit auf Juist zu Ende war, sich einige meiner Mitschülerinnen und Mitschüler die Mühe machten, Kanister mit Heimat-Wasser mitzuschleppen, damit der Tee an ihrem neuen Wohnort nach zu Hause schmeckte. Und leicht gelblich war. Und eine dünne, regenbogenfarbene Schicht hatte.

Ich kann nicht mehr. Dieses Kapitel verlangt mir einiges ab. Über den Strand und das Watt kann ich heimwehfrei schreiben, über Möwen und den Schiffchenteich, das tut nicht weh. Aber diese Zeilen über Traditionen, die Leib und Seele speisen, die das Jahr in vertraute Abschnitte teilen, die mit Ankunft und Abschied, mit Ruhe und Gesellschaft verbunden sind, diese Zeilen wecken in mir eine brennende Sehnsucht nach meiner Insel. Alle Elemente werden berührt: das Feuer am Deich in der Osternacht, das Wasser im Tee beim morgendlichen Frühstück, die Erde auf dem Kurplatz am Tag vor dem ersten Mai, die frische Luft bei der winterlichen Boßeltour.

Ich höre jetzt auf. Ich klappe den Laptop zu. Ich muss ganz dringend meine Koffer packen … Wann geht die nächste Fähre?

Danach-Wort

Ich bin gefahren. Im Gepäck das Manuskript, beinahe fertig, nur noch der letzte Schliff fehlte. Und wo sollte ich diesen besser vornehmen können als auf Juist? Auf dem Balkon einer Frühstückspension direkt am Strandaufgang, und zwar mitten in der Hauptsaison, so war der Plan.

Mit welcher sich steigernden Lust ich bereits an meinem Berliner Schreibtisch dieses Lesebuch schrieb, hat mich selbst überrascht. Im Vorwort behaupte ich noch vollmundig, nie unter Heimweh zu leiden. Und dann das: Hundertachtzig Seiten später unbändige Sehnsucht! Hundertachtzig Seiten, auf denen ich alten Freunden wiederbegegnen, fast vergessene Abenteuer erneut erleben und meine Heimat aus der Ferne mit anderen Augen entdecken durfte – ich zählte die Tage.

Kurz vor der Anreise hab ich mir schließlich selbst die offizielle Erlaubnis erteilt, meine Tage auf der Insel schamlos zu genießen. All das Zeug zu machen, das Einheimische sich verkneifen. Weil man es längst kennt, weil es Zeit kostet oder überlaufen ist oder zu teuer. Ich ging vor dem Frühstück im Meer baden, einfach so, im Badeanzug von meinem Zimmer zum Wasser und wieder zurück, unterwegs kamen mir Gleichgesinnte im Bademantel entgegen und tauschten sich mit mir über die Wassertemperatur (20 Grad), die Lufttemperatur (ebenfalls 20 Grad) und die Wellenhöhe aus. Ich aß Zimteis und jeden Tag Fisch. Ich las ein Buch, das auf Juist spielt. Ich machte einen Ausflug an den Flugplatz und an die Bill, sogar an einer geführten Radtour nahm ich teil (und erfuhr Dinge, die ich noch nicht wusste). Ich lauschte dem Konzert aus der Kurmuschel und besuchte den Sonntagmorgengottesdienst. Ich spielte Minigolf (und gewann!). Ich setzte mich mit einer Flasche Wein und ein paar Freunden in einen fremden Strandkorb und sah der Sonne beim Untergehen zu. Ich schrieb sogar Ansichtskarten!

Plötzlich bekam alles einen Sinn.

Bevor ich dieses Buch schrieb, empfand ich mein Zwitterdasein – weder Einheimische noch Touristin – als Fluch, nirgendwo wirklich dazuzugehören. Doch nun habe ich begriffen, dass es ein Geschenk ist. Ich darf beides sein – Einheimische *und* Touristin. Welch unbeschreibliches Glück!

Dank

»Mein Juist« – als ob die Insel mir je gehören würde. *Mein Juist* speist sich in erster Linie aus Erinnerungen, die ich mit unterschiedlichen Menschen teilen darf. Einige davon haben mich bei diesem Buch ganz wesentlich unterstützt. Deswegen ist es mir eine Herzensangelegenheit, ihnen für ihr Vertrauen, ihre Offenheit und ihr Wissen zu danken. Und ihnen das Wort zu erteilen, damit sie sagen können, was Juist für sie ist.

Sven Ahrends: »Mein Juist ist Teil meiner Identität.«

Anne Böing: »Mein Juist erdet mich.«

Marta Bohlen: »Mein Juist ist meine Heimat geworden, ich lebe hier wirklich gern.«

Christiane Freese: »Mein Juist ist – frei nach Harald Juhnke – keine Termine zu haben, dafür leicht einen sitzen.«

Heidi Freese: »Mein Juist ist Heimat für alle Zeit.«

Katrin Giesen: »Mein Juist riecht nach Rosen, nassem oder sonnenwarmem Sand und Pferdeäpfeln, Sonnenmilch auf der Haut und Teer an den Füßen, Schillerlocken und Krabben im Bauch und Tränen in den Augen, wenn es auf der Fähre zurück geht.«

Jens Heyken: »Mein Juist ist ein kleiner, trotzdem abwechslungsreicher Mikrokosmos, der liebens- und lebenswert ist.«

Thomas Koch: »Mein Juist ist Geliebte und Ehefrau, Spelunke und sicherer Hafen zugleich.«

Julie Lüpkes: »Mein Juist ist, ein Inselkind zu bleiben, egal wie alt ich bin.«

Lisanne Lüpkes: »Mein Juist ist der Ort, an dem ich über Muscheln laufen kann.«

Melanie Lüpkes: »Mein Juist ist ein Stück heile Welt.«

Ralf Lüpkes: »Mein Juist sind meine Freunde.«

Daniel Perrey: »Mein Juist ist der Ort, auf den ich mich verlassen kann.«

Elfi Perrey: »Mein Juist ist der Ort, an dem ich die spannendste und aktivste Zeit meines Lebens verbracht habe und der in meiner Erinnerung immer schöner wird, je mehr Zeit vergeht.«

Kurt Perrey: »Mein Juist ist der Ort, an dem wir Heilung erfahren, Freunde gefunden, Wunder erlebt und Wichtiges gelernt haben.«

Tobias Perrey: »Mein Juist ist Schauplatz meiner Träume, und das fast jede Nacht.«

Gerrit Schlauwitz: »Mein Juist ist für mich wie ein Edelweiß.«

Mirko Scholl: »Mein Juist ist Heimat.«

Thomas Vodde: »Mein Juist ist ein Teil von mir.«

Außerdem danke ich

- meiner Agentin Dr. Lisa Volpp und dem Team von Copywrite
- meiner Lektorin Judith Weber vom mareverlag
- Jochen Büsing
- Wolfgang Zobel

- den Redaktionsteams des *Strandloopers, JNN, Juist-Blog*
- der Pressestelle Polizeiinspektion Aurich/Wittmund
- dem Service-Team der Reederei Norden-Frisia
- den Informanten rund um den GEO-Tag der Artenvielfalt
- meinem Mann Jürgen Kehrer

Quellen

S. 37–39 *Die Strandgutgärtnerin*. Aus: Georg Möller, Gary Rogers, *Und immer wieder mein Garten*. © 2018, Deutsche Verlags-Anstalt, München, in der Penguin Random House Verlagsgruppe GmbH

S. 52: »Dort wohnt ein …«
Aus: Peter Schmidt, *Die Insel Juist*. Otto Meißners Verlag, Hamburg, 1936

S. 54/55: »Seit mehreren Tagen hatte es …«
Aus: Cornelius Janssen, *Fünf Inselkirchen in fünf Jahrhunderten. Ein Ausschnitt aus der Geschichte der Insel Juist. Juist 1922–1927.*
Veröffentlicht in: *Uns Karkenshipp*. Sonderheft, Juist 2008

S. 62: »Die Inselbevölkerung ist …« und S. 63: »Wann Schiffe auf dem Strande …«
Aus: Niedersächsisches Landesarchiv Aurich Rep. 4 B 2

S. 63/64: »Jans, mein Jung, …«
Aus: Marie Morsbach-Hartstein, »Strandgut«, erschienen in: »Ebbe und Flut – Zwei Novellen«. Schneider Verlag, Düsseldorf, ca. 1900

S. 73–80: Sommer und Winter
Einige Passagen des Kapitels sind in abgewandelter Form bereits erschienen in: *Süßer die Böller nie klingen*. rororo, Reinbek bei Hamburg, 2016

Weitere Quellen und weiterführende Literatur

Medardus Bremeneck, *Juist, das Toewerland: Erinnerung der ältesten Juisterin.* Kommissionsverlag Giebel & Oehlschlägel 1929

Jochen Büsing, *Im Loog: die wechselvolle Geschichte des anderen Juister Ortsteils.* Burchana-Verlag 2010

Robert Erskine Childers, *Das Rätsel der Sandbank.* Diogenes 1988

Sophie Fastenau, *Das Eiland der Bedrängten. Nach einer alten Pfarrchronik der Insel Juist.* Schuster 1979

Karl J. Koch, *Juist in der Stunde Null.* Verlag der Buchhandlung Koch 2022

Sandra Lüpkes, *Das kleine Inselhotel.* rororo 2014

Sandra Lüpkes, *Die Inselvogtin.* rororo 2009

Sandra Lüpkes, Die *Sanddornkönigin.* Leda Verlag 2001

Sandra Lüpkes, *Die Schule am Meer.* Kindler 2020

Hardy Pundt, *Wo viele nur Strand und Dünen sahen.* Verlag der Buchhandlung Koch 2021

Peter Smidt, *Das Kreuz von Memmert.* Verlag Alt Juist 2006

Enno Janßen, *Der Inselvogt von Memmert – Eine einsame Nordseeinsel, die Vögel & ich.* Knaur 2021

Willy Troltenier, *Juist gestern und heute.* Verlag der Buchhandlung Koch, ca. 1975

Luise Westkirch, »Tobias Breeden«, in: »Geschichten von der Nordkante«. J. Engelhorn 1903

Lieder

S. 11: traditionelle Juist-Hymne, Text: Frieder Schipper

S. 17/18: »Inselwinterblues« von Strandgut, Text: Sandra Lüpkes

S. 60: »Irgendwie, irgendwo, irgendwann« von Nena, Text: Carlo Karges / Joern-Uwe Fahrenkrog-Petersen

S. 81: »Reach Out« von Giorgio Moroder, Text: Giorgio Moroder, Richie Zito, Paul Engelman

S. 82: »Forever Young« von Alphaville, Text: Bernhard Lloyd / Frank Mertens / Marian Gold

S. 85: »Un'estate italiana« von Edoardo Bennato und Gianna Nannini, Text: Giorgio Moroder

S. 89: »It's My Life« von Dr. Alban, Text: Dr. Alban / Volle

S. 100: »Strandgut« von Strandgut, Text: Sandra Lüpkes

S. 101: »Ruhestörung« von Strandgut, Text: Sandra Lüpkes

S. 106: »Teil dieser Welt« von Strandgut, Text: Sandra Lüpkes

S. 106: »Strandbesser« von Strandgut, Text: Sandra Lüpkes

S. 148/149: »Inselkind« von Strandgut, Text: Sandra Lüpkes, gewidmet Julie und Lisanne Lüpkes, geboren 1996 und 2000

S. 160/161: »Wie mit grimmgem Unverstand«, Text: Joh. Daniel Falk (1768–1826)

S. 174: traditionelles Martinslied, Verfasser unbekannt

S. 175: »Mien lüttje Lateern«, Text: Greta Schon

Jeder ist eine Insel: Autorinnen und Autor

978-3-86648-646-1

978-3-86648-293-7

978-3-86648-611-9

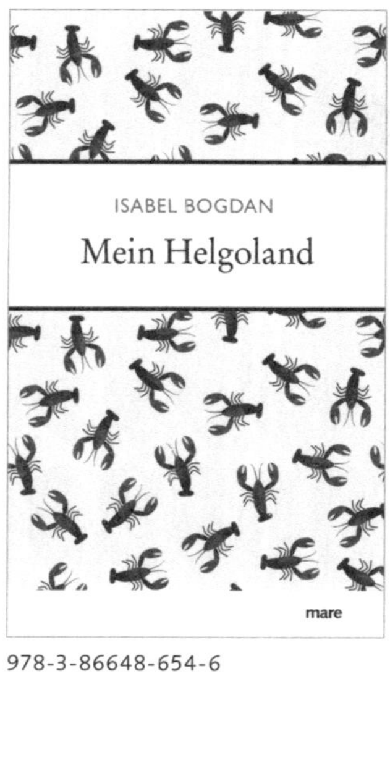

978-3-86648-654-6

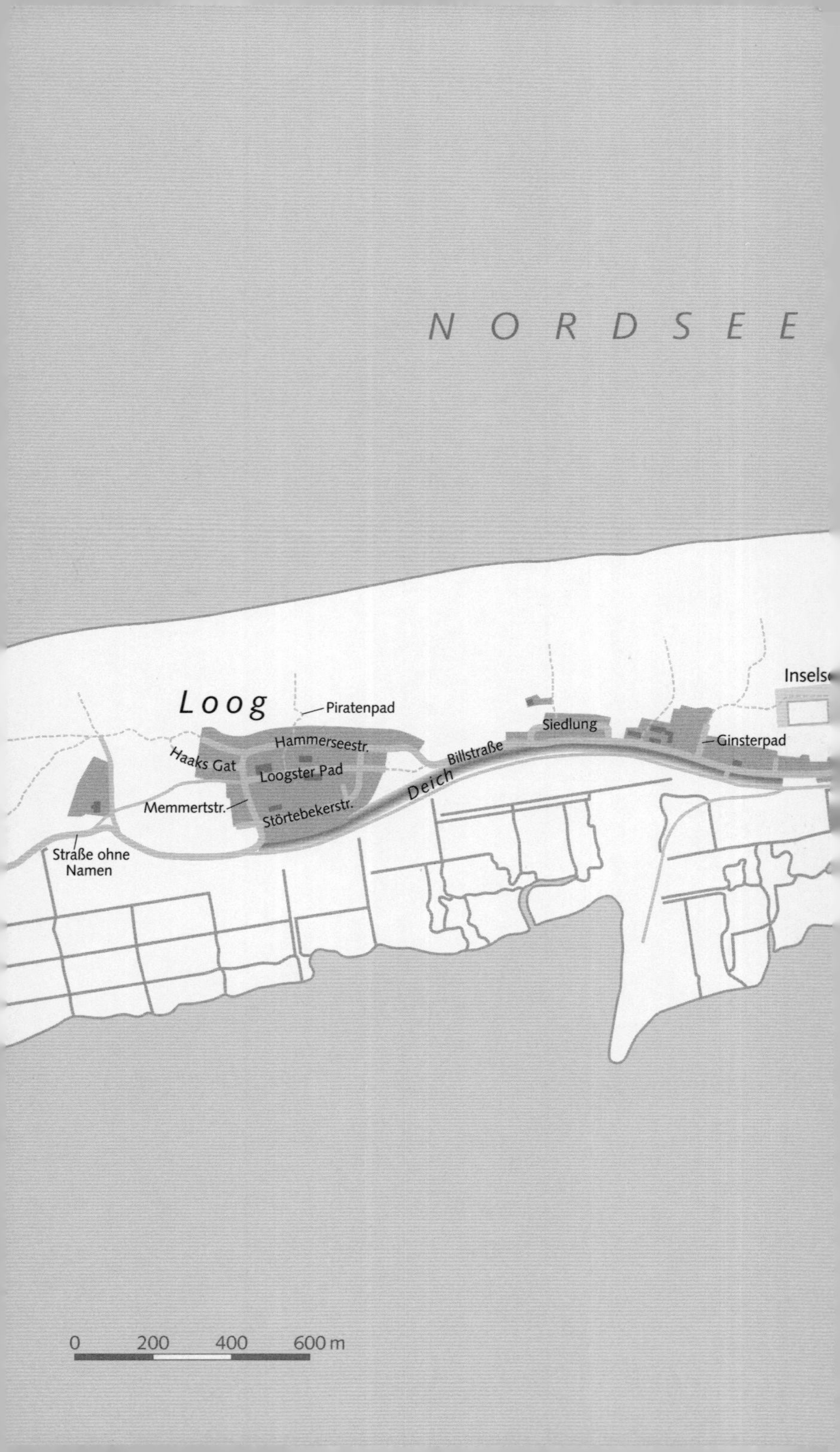
NORDSEE
Loog
Piratenpad
Hammerseestr.
Haaks Gat
Loogster Pad
Memmertstr.
Störtebekerstr.
Deich
Billstraße
Siedlung
Ginsterpad
Inselse
Straße ohne Namen
0 200 400 600 m